ジンミニョン

裵蔚華 訳

ナマケモノのように生きたい

JN076367

あさ出版

まえがき

　2014年、私はミニマリストの生き方というものを経験した。

　中国で1年間過ごしたのだが、その寮は狭く、まともなキッチンもなければ、家具はベッドと机しかなかった。そのため、無理矢理にでも、生活に染みついた日課を減らし、変えていかなければならなかった。

　ところがシンプルな生き方が性に合っていたのか、物足りなさと不便さは私を身軽にし、自由を授けてくれた。

　服も買わず、ショッピングを楽しむこともあまりなかったのでモノが少ない分、私の持ち物はいつでも新品のようにピカピカだった。

　調理道具もまともなキッチンもなかったけれど、1つの鍋などの限られた条件で作った料理はヘルシーでシンプルかつ経済的で、ゴミも出なかった。

　支出が減ることで、毎月旅行するようになった。

　中国での私は、モノが少なかったのできっと貧しく見えたかもしれない。

　しかし、この時の私は今までで一番豊かで優雅だった。

寮を出て帰国する日、私のそばには1年前に中国に来た時と同じように、旅行用のトランク1つだけがあった。

　韓国に帰国してからミニマリズムの勉強をはじめた。
　中国での生活はいったい何なのだろうか？
　私の人生が幸福感で満ち溢れたその背景には、何があったのだろうか？

　ミニマリズム曰く、「散らかった環境では散らかった人生が作られる、整頓されていないモノにより整頓されていない人間が作られる」。
　そうだ。私は自分の人生すらコントロールできていない人間だった。多くのモノを所有してみたが、どれ1つとして大切に接することができなかった私は、豊かではなかった。

　そうやって、聞いて、読んで、学んだことを少しずつ実践してみた。

すると、多くの所有しているモノたちと真剣に対話し、持たないつらさと軽やかさの間でギリギリの綱引きをするように、手放したくないモノたちと少しずつ決別していった。

　決別に時間がかかるモノには、充分に時間を与えた。

　幼い頃の思い出が詰まったぬいぐるみ。

　手垢が黒く残るほどに何度も読んだ漫画と小説。

　思い出のモノたちとはゆっくりと距離を置き、長い時間かかったが、どうにかお別れすることができた。

　服も毎日のように着る何着かを除いて、すべて寄付してしまった。

　３年間のダウンサイジングの果てに、私の住む空間はすっかりモノがなくなった。

　家具の１つすらない。

　今の家に引っ越す時は、折り畳み式のソファーと鏡、炊飯器と少しの服だけを持って出てきた。

　私が暮らすこの空間は安らぎに満ちている。

　これからモノが少し増えることもあるだろうし、今よりももっと減ることだってあり得る。

いつでも今すぐにでも、持っている荷物をすべて処分することだってできる。

　どこへでも自由に行き来することができる。

　未練の残るモノなど何ひとつない。

　泥棒に入られても取られるモノもない。盗まれるようなモノもないし、もしすべて盗られても、また買えばよい。

　貴重品もないし、秘密の日記帳もない。手ぶらでこの世に生まれ落ちたのだから、去る時も徹底して手ぶらでいたいものだ。

　およそ10ヶ月の間、根気よく「モノに執着しないシンプルな生き方」や「身軽な日常」をテーマにブログを書いてきた。

　時が経つにつれ、話すことはなくなるだろうと思っていたが、日を追うごとにミニマリズムに対する私の愛情は、だんだんと深まっていき、一層語りたいことが増えていった。

　「持たない」ということは、単に物理的な所有物にだけ当てはまる美徳ではない。生活のすべてにおいて、不自然さのない調和の取れた美しさを作り出すことができるのだ。

ミニマリズムを通して、私は人生の哲学をしっかりと持つことができた。相変わらず何もない空間は、私にとって魅力的であり、所有しない軽やかさは何事にも代えられない大切な財産である。

　自分だけが幸せになることを考えて生きても、世の中を明るく変えることができる。その橋渡しとなるのがミニマリズムだ。

　より多くの人が、その接点を見つけて、幸せになれることを願う。

ジンミニョン

진　민영

まえがき　3

1部

~~~~~~~~~~~~~~~~~~~~~~~~~~~~~~~~~~~~~~

少しずつゆっくりと

ナマケモノのように生きたい　14

最高の富である"時間"　16

今日やることは今日決める　18

風の匂い、空気の温度、
木の葉の彩りを感じる　21

あとどれくらい必死に
生きなければならないのか　23

エアコンに依存しない夏　26

文明を逆走すると
刺激的な気分を味わえる　29

誰も見ていない所で
誰かが対価を支払っている　32

2部

小さく軽やかに

お腹が空く時間は本当の幸せだ　36

デジタルデトックスを実践する　39

私服の制服化　45

収納の達人＝ミニマリストではない　50

モノを買わない　55

安いからダイソーが好き　62

徹底した尋問と審査　68

モノを買う時の基準は
処分が容易であるかどうか　74

追い込まず妥協する　77

情報への執着にも警戒する　82

まだ捨てるモノがある　85

人付き合いもミニマルに　88

バッグは軽く服と靴はラクに　90

お金とはアナログに接する　92

捨てるのも技術であり訓練である　96

3部

私らしく自由に

部屋着を軽んじない　108

髪は毎日洗わなくて良い　111

旅先では普段と変わらない日常を過ごす　116

稼ぎが少なくても充分幸せでいられる　122

いつ働いていつ休むかは自分が決めること　128

自分の容量を守る　133

自分が幸せになれることをする　138

本質が見える正直なモノと人を選ぶ　140

全く別の世界を見ることになった　146

消費主義を拒否したい　150

適当な距離を置く　153

アドバイスしない　158

特に趣向と言えるようなものはない　164

4部

ミニマリストになったら

掃除がラクになった　170

サンプルとラッピングは辞退する　174

プレゼントはしない　176

無限の自信が湧いてきた　178

睡眠の質が向上した　180

１冊の本を繰り返し読む　182

１人を楽しむようになった　184

服に対する欲がなくなった　185

人間関係を選ぶようになった　188

経済的な不安が減った　190

味にこだわらなくなった　191

イライラが減った　196

幸せが手に取るように具体的になった　198

選ばなければいけないことが減った　200

死が怖くなくなった　202

１人の時間も怖くなくなった　204

あとがき　206

1部

少しずつゆっくりと

ナマケモノのように生きたい

　息をするように軽やかに、ゆっくりと動くナマケモノの生き方が好きだ。

　時間に追われて息を切らしながら移動することも、早足で歩くことも好きではない。足が痛くなる靴も、両手を塞ぐ荷物も、1分1秒を争う焦燥感も嫌いだ。

　豊かな時間を過ごすことが、本当の意味で裕福な人生だと思っている。

　1日の中で最も好きな時間は、ふかふかのソファーに埋もれて瞑想用のBGMを聴きながら昼寝をする時だ。この時だけは、何も考えないでいられる。

　私は、めったに考えを止めることができない病を患っているように、いつでも脳がフル稼働状態——。常に考え事や悩みが多く、列をなして繋がっていく雑念たちで頭がいっぱいだ。

　だから「持たないこと」と「急がないこと」の美学がより切実になってくる。

生活水準を落としてシンプルに生きる理由も、ナマケモノのようにゆったりと生きたいからである。

　家にいる間は、昼になると常に電気を消している。
　夜であっても照明は暗くしている。
　暗闇は不思議と心を落ち着かせてくれる。
　辺り一面を真っ暗にして、ソファーで横になりながら、音楽を聴き、本を読む。
　すると、せわしなく回る世の中で、私の周りのこの小さな空間だけは、時間が止まっているようになるので、時を操る気分に浸れる。
　騒音と焦りから解放され、静寂を味わいはじめたのなら、最初はぎこちなくともすぐに夢中になれる。
　日常から失くすことのできないほど、大切な習慣になるだろう。

最高の富である"時間"

　私の人生はとてもゆっくり流れている。

　食事はゆっくりするし、歩くのも遅いほうだ。意識的にゆっくり食べ、ゆっくりと歩くようにしているからだ。

　ランニングする場合を除けば、駆け足すらほとんどしない。

　目の前のバスにギリギリ間に合いそうでも、次のバスに乗る。

　横断歩道でも青信号が点滅しだしたら、次に青になるのを待って渡るようにしている。

　エスカレーターに乗ってもじっと立っているし、エレベーターに乗っても閉まるボタンを押したりはしない。

　誰かと会う約束をしたら、決められた時間よりも１〜２時間早く着くように出発する。近くで時間を潰して、安らかな心でのんびりと待ち合わせ場所に向かう。移動時間を計算したりもしない。渋滞や予想外の緊急事態に巻き込まれて、相手を待たせて慌てることもなければ、仕方なく遅れてしまうこともほとんどない。

私にとって、最高の富は"時間"である。
「時間に余裕がある」という事実1つだけで、私の人生の幸福指数は熱く高まる。ストレスは減り、日常の美しさに気づくことが多くなった。
　待っている10分や20分は、私にとって価値のない時間ではない。私はずっと、どうすれば最高の時間を過ごすことができるか研究してきたのだ。
　字を書き、本を読み、音楽を聴く——。
　どこであっても、座れる空間と本1冊、手帳1冊、ペン1本があれば、何時間でも有意義で充実した時間を過ごすことができる。
　むしろ私が恐れるのは、待つことよりも時間に縛られて追い立てられる状況のほうなのだ。

今日やることは今日決める

　私は時計も見ないし、カラフルな予定で埋まったスケジューラーも使わない。自宅には、ありふれた壁掛け時計すら置いていない。

　明日やらなければいけないことはないし、決められた日程もない。死ぬまでにやり遂げたいことを書き出すバケットリストも作っていないし、年間計画表も作ったりしない。

　今日やることは今日起きてから、ゆっくりと考えることにしている。

　ふと大好きな本の香りを嗅ぎたくなったら、本屋で1日中過ごすことだってある。そうして、お腹が空いた頃に家に帰る。

　出掛けたくなると、バスに乗る。

　目的もなく、帰ってくる時間も計画もない。循環バスに乗って、ぐるぐるとソウル市内を何周かする。

　そのまま日が暮れてしまったこともあった。

ふいに江原道にある韓半島地形*が見たくなり、冬に１人で３時間もバスに揺られ、寧越郡まで行ったこともある。

　馴染みのない場所に旅行したくなれば、即座に出発する。

　自分の衝動と本能から目を背けたくないのだ。

　常に尊重されて然るべきものは、その時の気分と幸せを求めて良い自由なのである。

　充実した時間を過ごすという名目で、人生に速さを求めはじめたら、人が生きていくうえで感じることができる、あらゆる感覚が鈍くなってしまう。

　物事に集中できるエネルギーが減り、表情や気分、過ぎていく風景を繊細に感じ取り、心に蓄えていくことができない。時間のない人にとって余裕というものは絶対に許されるものではない。

　人と会ったり、どこかに旅行に行ったり、そのすべての瞬間を最大限に感じていたい。

＊江原道の寧越郡にある観光地。曲がりくねった河川の浸食と堆積などが繰り返されたことで生じた三面が海に囲まれた朝鮮半島と類似した地形。

ゆっくりと味わい、溶けて発酵した記憶を頭の中のアルバムに仕舞っておきたい。

　物事を深く感じ取るためには、集中できるムダのない環境と、余裕のある時間がなくてはならないのだ。

　ぎちぎちに締めつけられていた日課が抜け落ちると、ぽっかり穴が空くように時間が生まれる。

　ただ、それは捨てられる時間ではない。

　何かしらを行いながら埋まっていくものだ。手持ち無沙汰ではあるが、何の予定も入っていないという事実に胸がトキメク。何かをするために過ごした時間よりも、もっと有意義に過ごせるからだ。

　だらだらと怠ける時間も、私は好きなのだ。

風の匂い、空気の温度、 木の葉の彩りを感じる

　たまにソウルのど真ん中にあるカフェの窓際に座りながら、通行人たちを眺めることがある。

　10人中8人は、誰かに追われるように、せわしなく歩いている。前を見つめて真っ直ぐに歩く人よりも、スマートフォン（スマホ）の液晶に鼻をめり込ませていたり、地面を見つめてうつむいたまま足だけを速く動かしたりしている人のほうがずっと多い。

　風の匂い。
　空気の温度。
　木の葉の彩り。

　その時々で微妙に変わる街並みの風景を、全身で感じていたい。ゆっくり歩いて考えてみると、言葉数は減る代わりに笑うことは多くなる。

　毎日幸せでいることは簡単ではないけれど、自分に与えられた時間をじっくりと意識して生きてみると、ふと幸せを感じることができる。

人生の速度を緩めるということは、たまに日常の流れを逆走することになるのだ。

あとどれくらい必死に 生きなければならないのか

　いつからか世の中は、熱情というものを過剰にもてはやすようになった。
「いつでも最善を尽くして生きなければならない」と人々は言うが、特に何かに熱中しない生き方も、それなりに良い生き方であると私は思っている。
　頑張っている人を否定したいわけではない。
　私もなかなかに頑張って生きているほうだ。
　だからと言って、空気を読んでムリをして生きているわけではない。そんなことをしたらすぐに疲れ切ってしまうだろう。
　私だって自分を高める意識が強い人間だが、いつでも何かを行う理由は、ただ単にそれが好きだからでしかない。

　たまに何もせずに数日を過ごすことがある。
　その時間は決して人生の浪費ではないし、自分を責めて苦しむ必要もない。
　ゆったりとした時の流れに身をゆだねて生きるのも、素晴らしい生き方だと思う。

毎日何かをやり遂げなければいけないというのは、実際とても疲れる人生だし、窮屈(きゅうくつ)な生き方はその分倦怠感(けんたいかん)も早く訪れるものだ。

　熱情だって、インスピレーションだって、充分な休息があってこそ輝くものである。

　余裕のない日常は創造力を働かせる力も、イマジネーションを発揮するエネルギーも産み出してはくれないのだ。

　近頃、若い人たちは何かに追われるように、執拗(しつよう)に、あまりにも熱心に生きている。

　それにもかかわらず、「覇気がない」「ハングリー精神が足りない」「熱情的でない」などと言われてしまう。

　もしそうならば、あとどれくらい必死に生きなければならないのか。

　そもそも私たちがこの世を生きる理由とは、与えられた時間を豊かに過ごし、幸せに生きることではなかっただろうか。

　時間とは、すなわち自由。

　時間のない者は自由を奪われた奴隷である。

誰にでも公平である時間という当然の権利すら、もたらされないということは、人間の基本的人権が無視されていることと同じである。

　疑問を持とう。

　何のためにこんなにも必死に生きるのか？

　自身を高めることが幸せを呼ぶのなら、ほどほどに頑張ったとしても罪悪感などないはずだ。

「絶対に」「必ず」やらなければいけないことなんてないのだ。

　特別何かに熱中しない生き方だって、それなりに悪くない生き方なのだから。

エアコンに依存しない夏

　夏の間、エアコンなしで過ごしたことがある。

　なぜかエアコンを使いたくなかった。

　『5アンペア生活やってみた』（岩波書店）の著者である斎藤健一郎氏は、自発的に電気を使わない生活をしながら、次のように述べている。

　　暑さに対して、これまでならばスイッチ一つで対抗していました。窓を閉め切って、エアコンのリモコンのスイッチをピッと押す。そうすれば、室内の吹出口からは冷たい風が流れ、ベランダに置かれた室外機がウーンとうなりをあげて部屋の熱気をはき出してくれる。室温は下がり、汗も引く。これで、解決。完全勝利のつもりでした。

　　いまはそれが勝利とはいえません。快適さを追求するために大量の電気を使い、その結果、誰が犠牲になったかを知ってしまったからです。

この犠牲者とは、2011年の東日本大震災時に起こった原発事故で故郷を根こそぎ奪われた福島の住民たちのことだ。

　この文章が不思議と私の心の隅をチクリと刺した。

　そして、なぜかエアコンに依存せずに夏を過ごしてみたい衝動に駆られた。

　外出すればどこへ行っても冷房が効いている。

　我が家だけでもエアコンから解放された空間であってほしかった。

　少しつけるだけで室内が涼しくなるというエアコンの機能は、驚くほど便利である。

　ただ、室内の温度が涼しくなるだけでは終わらない。室内の温度を下げる対価として、送風機は熱気を室外に吐き出していく。その熱気はオゾン層を破壊するＣＦＣ（クロロフルオロカーボン）をたくさん含んでいる。電気を餌にする怪物のようなエアコンは、扇風機の何倍ものエネルギーを消費している。

今まで
「私1人ぐらい」
「今回だけは」
　という考えが心を蝕んできた。

　まず私が変われば世の中も変わる。
　たとえ何も起こらなかったとしても、変わらない世の
中を前に、堂々としていたくなった。

文明を逆走すると
刺激的な気分を味わえる

　エアコンへの依存を絶ってみたが、思ったよりもエアコンのない生活に満足している。

　快適とまではいかなくとも、多彩な生活の知恵が生まれる創造的な時間になった。

　扇風機がどれだけありがたいかに改めて気づかされたし、家に帰ると決まって冷凍庫から保冷剤を引っ張り出した。

　服はリネンを着るようになり、布団は麻に換えて床にはゴザを敷いた。

　冷たいシャワーを好むようになったし、窓は全開にして自然の風を最大限活かすよう努めた。

　そんな我が家にもエアコンが鎮座している。

　わざわざ苦労を買うのかと言われるかもしれないが、外の気温が30度を超える日ですら、一度もエアコンをつけなかった。

　こうして、少しずつ汗に慣れてきた。ダラダラと流れる汗にも何とも思わなくなった。寒ければもよおし、暑

ければ汗をかく。

　人の身体は体温を調節するために、自然と水分を排出するようにできている。あまりにも当たり前のことである。

　だから、自然と行われる体温調節に、もうこれ以上人の手を加えないことにした。

　これまで、汗を一滴もかかずに過ごした数々の夏たちが思い出される。冬は家でタンクトップと半ズボンで過ごし、夏にはバッグに羽織るものを入れて外出していた。

　そもそも人は吹雪が吹き荒れる極地でも生き抜いてきたし、燃え上がるような赤道でも生活している。極端な暑さ寒さにすら打ち勝つのが人間の生命力なのに、いつからこんなにも脆くなったのだろう。

　いつから文明という道具に寄りかかり、人間の持つ優れた機能を自ら退化させたのだろう。

　公共機関や施設、交通機関に設置されたエアコンの風が、いつもより強く感じるようになった。

　人はきっと冷暖房に慣れれば慣れるほど、自然の暑さや寒さに対して弱くなってしまうのだろう。

　私はひとえに、自分の体力だけでこの暑さに抗いたかったのだ。

暑さがひとしきり過ぎ去った今、達成感からか無意識に笑みがこぼれる。エアコンなしで夏を過ごしたという記憶は、私をおいて他に誰も知らないことではあるが、世間に対して堂々と胸を張っていられる。

　文明を逆走するということは、なんて刺激的な気分なのだろうか！

　さらなる強さを身につけた自分がもっともっと誇らしく思えてくる。

　私はエアコンなしで生活することで、持って生まれた人体の機能を最大限に引き出すことができた。

　だいぶ涼しくなってしまった季節に、名残惜しささえ覚えるほどに。

誰も見ていない所で
誰かが対価を支払っている

　モノは安く簡単に買える。

　新しいモノを消費するだけで、持っていたモノがどう処理されるかなんて誰も興味を持たない。意図的に寿命を縮めて低品質の商品を作り、流行を先導させ、欠陥のないモノでも廃品扱いにする。

　モノを大事に使い倒す人をダサいとあざ笑い、喪失感を与えることもある。世の中が偶然そうなったように見えるが、これらは計画的に培われた資本主義社会の実態なのだ。

　そもそも、モノがただ古くなったというだけで捨ててしまう思考回路自体が、作られた概念なのである。

　モノが作られる"はじまり"はどこだろうか。

　簡単に手に入り、安くて見た目もそれなりの商品たちは、どこから来て、どのように作られたのか？

　しかも企業は、利益を最大化するために価格競争力を高め、商品の値段をどんどん下げていく。

　その安さにリスクはないのか？

これらは資源を搾取し、人間らしさを喪失することで作られている。

　物理的な形態を伴うどんな消費財も資源を必要としている。約70億人の生活を支える地球という拠り所は、モノが1つ作られる度に生まれる痛みを必死にこらえている。

　地球の資源は無限ではないのだ。

　誰も見ていない所で、誰かが対価を支払っている。

　氷が溶けて溺死する北極熊が、

　学校に通えず石炭を掘る少年少女たちが、

　プラスチックを食べて喉に詰まらせた亀たちが、

　それぞれ、その対価を支払っているのだ。

　近い将来、人々は外出時にはマスクをし（違う意味でマスクを常時着用するようになったが……）、高いお金を払って飲み水を買うことになるだろう。私たちの子孫たちが犠牲を払うことになるのだ。

何かを買って捨てる前に、一度よく考えて自問してみることは難しくないはずだ。

2 部

小さく軽やかに

お腹が空く時間は
本当の幸せだ

「物足りない」という状態が好きだ。

　1人でいる空間や空腹、それらは見方によっては物足りなさと言える。何かしらの満足感とは対になる、欠如した状態のことだ。

　しかし私にとっての「物足りなさ」とは、本当の意味での平和であり、真に幸せにしてくれる理想であると考える。

　私はよく断食をする。

　わざとお腹を空かせたりもするし、リンゴやキュウリのような簡単なものを食べて小腹を満たすこともある。

　私の場合、お腹がいっぱいだと不快感が現れる。

　だから、お腹が空いている時間というのは幸せな時間なのである。

　お腹に余裕ができることで、最初に感じたのは内面の変化だった。心に余裕が生まれ、お腹に何も入ってこない穏やかさに身体も正直に反応する。

　身体が軽くなって分かったことは、物足りなさの前で

は中庸ですら取るに足らないということだ。確実に物足りなさの美学を感じたければ、中庸ではなく、極端な窮乏を経験したほうが良い。

　少食ではなく絶食。
　口数を減らすのではなく黙する。
　穏やかではなく静寂。
　小さな行動ではなく行動はしない。

　空腹状態は、恍惚をプレゼントしてくれる。
　身体の隅々に張りついている余った栄養分が抜け落ち、毒素が排出されて身体も心も軽くなる。
　空腹の時ほど思考がハッキリし、筋道を立てて話すことができるうえ、表情も和らぐようだ。
　書店で本の香りを嗅いで空腹感を満たしたこともあるし、大人しく横になり瞑想用のＢＧＭを聴きながら空腹を紛らわしたりもした。こういう時に文章を書くことで内面も磨ける。空腹状態だと集中力が増すし、鮮明に考

えることができ、質問にも的確に答えられるのだ。

　食事をしながら感じるあらゆる満足感よりも、断食はもっと私を満たしてくれる。

　空腹で過ごした夜は美しかった。

　イライラは減り、どんな状況でも落ち着いていられた。鳴り響くお腹の音も次第に大人しくなり、頭の中はさっぱりして、キュキュッと音が鳴るぐらい綺麗になった。

　断食は心を整頓させ、魂を洗う時間なのだ。

　身体をケアするだけでなく、心が整理され精神が清らかになる。断食を定期的に実践してみると肉体的にも活力が満ちてくる。

　瞑想が精神の休息ならば、断食は肉体の休息なのだ。

デジタルデトックスを
実践する

　私たちはあたかも頭の上にWi-Fiマークの触角があるかのように、朝起きて寝るまでの間、ずっとネットに繋がっている。

　絶え間なく誰かと連絡を取り合い、すぐ反応しなければならない暗黙の義務感に苛（さいな）まれている。壁をつたって繋がった小さな線から、絶え間なく情報が滴り落ちている。

　いつも、この繋がりが私を縛りつける鎖のように感じている。

　いつでも連絡が取れるという便利さは、いつでも返事をしなければならない義務感を伴っている。だからオンライン状態が長いと、とんでもなく疲れるのだ。

　スマホが普及してから、私たちは抜き差しならない待機中の状態である。“席を外している”でも、“オフライン”でも、“業務中”でも、“不在”でも、そのどれでもない。

　スマホはいつでも起動しているし、常に身につけているという事実は、公然と暗黙のうちにみんなが同意したようなものだ。

オンラインの世界とオフラインの世界があまりにも緊密に繋がり、負担になるぐらいに近くをぐるぐると回っている。

　だから、あえてネットを遮断する。

　パソコンも、ネットも、スマホも、どんな通信機器からもあえて断絶する。電源をオフにして、コードは抜いてしまう。

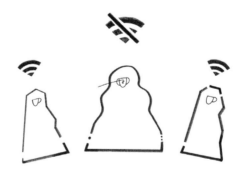

インターネットは吸引力が強い。

　自分でコントロールできなければ、たちまち押し寄せてくる数万件の情報とエンターテイメントに埋没してしまう。中毒になると、抜け出すのは簡単ではない。

　だから、文明から自発的に離れることを強調する。たまには、ネットや通信機器から距離を置く必要があるのだ。

　ネットと通信機器も、図書館で読み終えた本を元の場所に返すように、片付けてスイッチを切る。うまく使えば武器になるが、濫用すれば魔物に変わる。パソコンとネットは決めた時間以外は使わないというのが、私にとっての鉄則である。

　スマホはきっと文明社会以降、牛の次に最も酷使させられた対象の１つであろう。

　買ったその日からバッテリーが寿命を迎えるまで、自発的に電源を切ることなんて指で数えられるぐらい少ない。しかし決して、スマホの寿命が短いわけではない。

　寝る前に、すべての通信機器の電源を切る。パソコンもタブレットも、必要な業務を終えればオフにする。使う目的が決まっていなければ、通信機器は常にスリープモードにしている。

基本的に、家ではほとんどネットを使わない。スマホも午後10時以降はオフにしておく。ノートパソコンはできればWi-Fiが使えるカフェや学校の図書館で使うようにして、普段はケースに保管している。

　スマホは安いプランに入っているので、通信量は550MB（日本人のおよそ6割が3GB使っているらしい）が上限だし、それすらもほとんど使っていない。
　外出しても、スマホを確認したりしない。文章を送ったり、電話をしたり、音楽を聴いたり、メールをチェックしたりするだけだ。
　アプリも敷き詰められていないし、FacebookやTwitterのようなSNSもゲームもしない。
　ミニマリズムを実践する姿を記録するためにInstagramはアルバムとして使っているけれど、ほとんど誰もフォローしていない。個人的な私生活をオープンにしたり、他人の私生活を追いかけたりする使い方もしない。
　私は悠然としているタイプではないので、SNSをはじめたらきっとソーシャルメディアの中でもがき苦しみ、時間を使い果たしてしまうのは分かりきっている。だから最初からやらないことを選んだ。

午後 10 時以降はスマホの電源を切る。

　アラームも使わないので、寝ている間、スマホは無用の長物である。

　これは現実世界を生きるための時間を稼ぐ、私が意識的に努力していることだ。

　人と会って、運動をして、本を読んで、字を書いて、散歩をして、音楽を聴いて、家事をする。それだけでも24 時間では足りない。

　オンラインの世界と距離を置いてデジタル断食を実践すると、頭がスッキリしてストレスがなくなる。切迫感も焦燥感もない。考えなければいけないこともないし、整理しなければいけない情報もないので、頭の中がいつでもスッキリしている。

　周りの人たちも、すでにこんな私の姿に慣れてしまっているのか、返信が遅れたり、連絡が取れなかったりしても、あまり気に留めることもないようだ。どうせ待っていれば連絡が来ると思っているのだろう。

　常に連絡を取り合って反応してあげなくても良いので、ストレスが減る。それに業務の生産性も高まる。注意を引きつけるあらゆる妨害要素がないので時間が増える。

１日オフラインで過ごすだけでも、時間がゆっくりと流れることに気づくはずだ。

　ネットに常に繋がっているという事実は、決して当たり前のことではない。常時オンライン待機状態は、自ら進んで奴隷に成り下がるのと同意である。

　私たちには繋がらない自由もあるのだ。その選択は私たちにかかっている。

　最初はぎこちなくても、時を重ね、その状態に慣れてくれば、スマホをオンにしてネットに繋げることが、とても煩わしいことであると気づく時が来るはずだ。

私服の制服化

私服の制服化を実践した、私が知る最初の人物はスティーブ・ジョブズだ。

彼はいつも同じ服装を守っていた。グレーのスニーカー、黒のタートルネック、ジーパンをいつでもどこでも人前に出る時は着ていた。

あたかもアニメのキャラクターたちが、いつも同じヘアスタイルで同じ服を着て登場し、そのイメージが私たちの頭の中に刻まれるように、黒のセーターとジーパンの組み合わせは"スティーブ・ジョブズ"そのものとなった。

ふと思いついたことだが、服はいくらたくさん買ってもキリがなく、私たちにむしろ不満を与える。

どうしても欲しくて手に入れても、季節が過ぎれば見慣れてしまい、身体に馴染む頃には、また新しい服が欲しくなる。

そうやって着られては捨てられる服が、毎年堆く<ruby>堆<rt>うずたか</rt></ruby>くゴミ処理場に積まれ、処理できないまま別のゴミ処理場へと

たらい回しにされる。底が抜けた甕に水を注ぎ続けるような、愚かな行動をやめたくなった。

　私は渇くことのない満たされた人生を歩みたいのだ。

　私にはこうだというスタイルもないし、流行のファッションを追いかけたりもしない。気に入った服は明るい色と暗い色を１枚ずつ買い、デザインはシンプルで無彩色（モノトーン）にこだわる。

　着古したら同じ店で似たような服をまた買う。そうしていると、服の種類は何着もないが、すべての服が例外なくどこに着て行っても似合う無難なものになった。

　毎回同じ服を着ていても、いつでも洗剤の香りがして襟がしっかりとアイロンがけされていれば、むしろさっぱりした印象を与えるものだ。

　私は服にお金をかけるタイプではないが、運動で身体を鍛えることや、スキンケアとメンタルヘルスに関しては惜しまず投資する。

　大切なのは持っている服をどのように管理するかであり、どれだけ多くの服を着るかではない。

　毎日違う服を着たところで、実際は誰も気に留めてい

ないのが現実である。ボーイフレンドですら、彼女のヘアスタイルの変化に気づけず口喧嘩に発展するのが常なのに、まして今どんなイヤリングをしているかとか、前髪を下ろしたとか上げたとか、他人が関心を持つはずがないのだ。

　結局、その人の印象を左右するのは、言葉遣いや清潔感、物腰や表情などである。

　"옷이 날개다"（服は翼）ということわざがある。

　これは、日本のことわざである「馬子にも衣装」と似ている。

　何を着たかによって、自分への評価が変わることもあるだろう。ただ断言するが、本質が変わらない限り服で翼を得たとは言え、天使になれるわけではない。

　オシャレな人が好かれるのであって、オシャレな服を着たみすぼらしい人間が好かれるわけではないのだ。

　自分によく似合う色とシルエットを知ることは大切だ。体型の短所を補い、顔色を明るく見せてくれる服を着れば、確かにプラスの効果をもたらしてくれるだろう。

　ただ、所詮はそこまででしかない。

　自分にとって最高のスタイルと出会ったならば、服に

頼って自分を着飾るという古い考えを捨てよう。

　服がいくら多くても、私たちが着られる服には限りがある。毎日違う服を着るのであれば、たとえば単純に80年として考えても約29,200着の服を着なければいけないことになる。これは溢れ返るクローゼットが想像できる頭の痛くなる数字だ。

　一生をかけて、毎日違う服を着たところで自分の価値が上がるわけでもない。ゴミだけが増えて、買い物依存症に陥り、毎日のように増えていく手のつけられないクレジットカードの明細を前に首が回らなくなるだけだ。

　私服の制服化を身をもって実践したスティーブ・ジョブズは、自分にとって価値のあるものに集中するために、選択の枝打ちを行った。

　その結果、朝に服を選ぶ時間すらも、価値ある時間の邪魔になると判断したわけで、果敢にも着た切り生活を敢行したのだ。

　しかし、誰もスティーブ・ジョブズの服装に関して、「ああだ、こうだ」とケチをつけることはない。

　むしろ彼は個性的でキラキラと輝いていた。全世界数十億人の人生を変える革新を起こしたからだ。

そして、世界で最も成功したイノベーターであり、若手起業家たちが羨望（せんぼう）するロールモデルとなった。

　このように人の価値は、着ている服や身につけた高価なアクセサリーで定義されるものではないのだ。なぜなら、それは誰でもできることだから。

　お金を稼いだり借金をしたりすれば、誰でも服を買って自分を着飾ることができる。

　しかし、その人の想像力や洞察力、才能や強靭（きょうじん）な肉体、心と身体の美しさはお金で買えるものではない。クレジットカードを何度か切るだけで得られるものではないのだ。

　粘り強い努力と没入、蓄積された時間から生まれる能力こそが、どんな価値あるものよりも苦い過程を経た分、自分をより一層輝かせてくれる。

収納の達人＝ミニマリスト ではない

　ミニマリストに対して、ほとんどの人が収納と片付けの達人であると誤解をしている。
　私は収納も片付けも苦手だし、掃除すらも重い腰を上げないとやらないような人間だ。なので、生活空間を清潔に維持するための決定的なノウハウは、“モノを増やさない”ことぐらいだ。

　たまに“片付け術”や“収納法”を聞いてくる人がいる。そんな時、私は「特別な片付け術なんてない」と答える。
　モノにも帰巣本能があるのだから、自分の定位置だけちゃんと覚えさせられれば、それ自体が片付けなのだ。

　片付けに技術は必要ない。
　すべてのモノには定位置があり、使ったモノはまた定位置に戻すという習慣さえ身につけば、決して家が散らかることはないはずだ。
　すべての片付けの基本は“手放すこと”であり、そのはじまりは“捨てること”である。

毎日使う生活必需品から、なくては生活がままならないモノだけをまとめる。

　服や本、お風呂で使うモノなど、品目別に手に取る頻度の高いものから羅列してみて、使わないモノは果敢に捨てれば良いのだ。

　いかに素晴らしい収納スペースや整理アイテムも問題の本質を解決してくれるわけではない。

　正解は、モノを減らすことなのだ。

　そして、その答えは、所有物の重さにある。

　生活空間に比べて過剰にモノを所有することは、片付けを邪魔する真犯人である。片付けが面倒で苦手な人でも、モノを減らすという気持ちさえあれば、永久に片付けが可能になるのだ。

　書店に行くと「収納の法則」「片付けの原則」などに関する本が多く並んでいる。図表と写真、可愛らしいイラストも手伝って親切に解説しているが、私はこういう

スキルを身につけたくてミニマリストになったわけではない。

　むしろ、私は収納が嫌いだ。

　用途別、状況別にタイトルをつけて仕切りを作り、セクションごとに細かく分けるのも嫌いだ。

　動線を考慮した科学的な配置法や収納法なんて覚えたくもない。

　収納が嫌いだからこそ、そもそも収納しなければいけないモノを持たないことにしているのだ。よく使うモノは使う場所にそのまま置いておいても煩わしくない。

　それぐらい、モノが少ないからだ。

　モノを入れておくために使われる、あらゆるモノは所持しないことにしている。たまに使う箸入れや化粧室に置かれたコップ、歯ブラシ立てもない。

　たわしは食器を洗うことが多い分、換気の良い場所に置いておけばよく乾く。

　歯ブラシも一緒で、収納せずとも置いておけば水気もいつの間にか乾いているものだ。

　私は、モノにも命があると思っている。

１日中狭苦しい箱の中に入れられていると思ったら、息苦しくて見ていられない。

　靴下や下着も、畳んだり仕舞ったりしない。小さなラタンのかごを開けたままにしているので、そこに入れておく。引き出しの中に入れたり、蓋付きの収納ケースに入れたりはしない。

　骨格の見える家具が家の中の気の流れを円滑にする。モノたちも換気が良い分、生気が湧くというものだ。

　収納道具も所詮はモノに過ぎないし、モノである以上はどんな種類であろうと使い道が明確でなければならないと私は思う。

　収納ケースも増えれば荷物になる。やがて家の中は収納ケースと箱でいっぱいになってしまうだろう。煩わしさを避けるために所有物の１つひとつに家を与えてしまえば、その１つひとつの家が結局は別の荷物となり、また新たな煩わしさを生んでしまう。

　箱の中に入れようが、そのまま置いておこうが、結局その空間にあるのだから同じである。どう収納するかを悩むよりもまずは、収納そのものが無意味になるぐらい必要なモノだけを残す方法を研究したほうが、ずっと効

果的なはずだ。

　片付けのストレスから自らを解放してあげよう。
　今からでも、使わないモノや気に入らないモノを追い
出して、精神的な自由と何もない空間が与えてくれる物
理的な自由を経験することをオススメする。

モノを買わない

　私は、消費することに対して、並々ならぬ哲学を持っている。
　それは、必ず計画的なショッピングだけをするというものだ。

　消費を贅沢だとは思わない。
　現代社会において消費は罪悪ではなく、むしろ美徳となる。
　私の場合、モノを買わないだけで、経験の消費に対してはかなり積極的なほうだ。

　モノを買わない理由には、個人的な背景と社会的な背景の2つある。
　達成と成長のある人生こそが、私の求める理想的な人生であり、モノはその過程では必要ないというのが個人的な理由である。
　そして私が生きているこの地に、最小限の足跡だけ残したいというのが社会的な理由だ。

実際、消費しない生き方というのは、近頃では不自然な生き方である。自分の消費行動がこのうえなく意識的で意図的であると思えるほどに、消費とマーケティングというのは私たちの生活の隅々にまで浸透している。

　世界は何も買わない私に対して「本当に何も買わないつもりか？」と今日も囁いてくる。

　外出して家に帰って来れば、常に両手いっぱいに何かを持っていて、テレビをつければ無意識にテレビショッピングで注文し、ネットでは自然とブックマークしておいたショッピングサイトを転々とし、服やバッグを買い集める。

　そしてこういった行動に対して、誰も疑問を持たない。いつもやっていることだし、必要に応じた買い物をすることは至極当然で合理的な選択であるからだ。

　過去に友達と食事をしてお茶を飲むと、通過儀礼としてみんなで街を歩いた。食べたものを消化させる意味でも、ウィンドウショッピングは私たちの定番コースとなっていた。そして「何か必ず買わなければいけない」という考えがいつの間にか習慣化されていた。

そのまま帰るのはもったいない。

何でもいいから今日何か１つ買って帰りたい。

結局何も買えなかった。でもこのままじゃ家に帰れない。

　もう一度言うが、必要だから買うのではない。

　買う理由を探していたのだ。

　もちろん、この時に私が危機感を覚えることはなかった。旅行に行けば何かしら買わなければいけない無言の圧力に負けて、最終日に焦ってお土産を買ったりもした。

　しかし、いつからか「どこかに出掛ける時、なぜ必ず消費を伴わなければならないのか？」という疑問が湧いた。おそらくモノを減らしはじめてから気づいたのだろう。

　所有物を処分しながら、これまで感じることのできなかった軽やかさを経験することができた。

　そして、風通しの良いこの空間を守りたかった。

　人々のほとんどは、家をキレイにして美しく維持することには関心があっても、長いスパンで家の中をどのように作りあげていくかについて、本質的に向き合うことをしない。頻繁に消費をすればするほど、空間を磨くことは難しくなるのだ。

ほとんどの場合、このような状況に陥った人は2つの選択をする。

　家を大きくするか、モノを捨てる。

　ところが、消費をしないという選択肢はそこに入らない。
　今では不自然でなくなったが、最初は私も消費しない自分のことがぎこちなく思えた。1年ほど、意識的に消費しないように鍛えたので、今ではすっかり身についてしまった。
　今はモノを買わないというのが当たり前になったが、相変わらずこの世の中では主流の考え方ではない。
　ただ私が世間の空気を読む必要も、またないであろう。
　空気を読まなければいけないのは、計画的な買い物だけをする私のほうではなく、社会的な潮流に流され、何かを買うことでしかストレスが解消されず、自分の価値を認められない間違った思考に閉じ込められた今の世の中のほうだ。
　「こんなに苦労して稼いだんだから、見返りとして買い物ぐらいしても良いじゃないか」と言うのなら、私はその苦労の半永久的な見返りとして、意味のある消費をす

るべきだと諭してあげたい。

　我が家には、これ以上モノが増えることはない。モノ
を買う時は、何度も自問するからだ。

　必要かどうか？

　必要だとしても、その必要は本当の意味で必要なのか？

　そして自分が主張するそのモノの必要さを、何度も尋問
して審査する。

　必要だと思いたい私の荒唐無稽な錯覚ではないだろうか？

　欲しいという衝動的な欲望ではないだろうか？

　みんなが持っているという理由で必要だと思っている
のではないだろうか？

　こういった意識的な質問はフィルターとなって、数多
くの「必要」という仮面を被った虚像のような消費を濾
過してくれる。

　ほとんどの場合、必要だと強く主張したモノたちは、
本当に必要なモノではなかったし、実際にはゴミに近い
モノであった。そうしているうちにだんだんと、普段買
うモノの種類が一貫するようになり、買い物の回数もど
んどん減っていった。

生活スタイルは、一朝一夕で変わるものではない。

　ただ、生活スタイルを変えられなければ、購入するモノもまた変えることができない。

　私たちの住む空間は、自分の生活スタイルを反映させる。しかも、生活スタイルと所有物は似てくるものだ。必要なモノはすでに揃っている。生活するうえで不便だと感じた瞬間があっても、それはただ怠けたい場合が多い。

「モノを買う」というのは当たり前のことではない。

　しかし、1年以上意識している私ですらも、モノを買わないということは簡単ではない。ずっと同じモノを買い続けるというのは、きっとつまらない人生だろう。

　それでも、消費と妥協は相容れない単語である。適当に妥協していては、消費というものを使いこなすことはできない。

「このぐらいなら」

「最近買い物してないし、今回ぐらいはちょっと奮発しちゃえ」

　といった塩梅である。

　消費をしないということは、謹慎処分ではない。人生

の根幹になる柱にならなければいけない。

　短期的に消費を断食することは、「ダイエットする」と言って１〜２週間だけ頑張るのと同じだ。数日食べなければ、その３倍、４倍の食べ物を渇望するようになる。

　自制して欲望を抑え込むことは、意思の問題ではない。身体はただ自分を守るために、本能に忠実に従うのみだ。身体を慣れた習慣に戻そうとすることは、生存本能である。

　専門家たちがこぞって言うように、ダイエットとは習慣と生活スタイルの変化であり、消費も同じである。生活に対する自分の態度そのものを変えなければ、永遠に消費の奴隷になるしかない。

　私たちは消費しない自由を持っている。

　その自由は自ら探しあてなければ、永遠に味わうことができない。

　私自身、消費しない自由という存在すら知らなかった。

　消費をしないという選択肢は、最初からないものだと思っていた。

　しかし今、できるだけ何も買わず、仕方なく何かを買う時でも絶え間なく質問するこの習慣は、より良い人生を求める私の価値観を変える出会いとなったのだ。

安いからダイソーが好き

　私は日頃から、ダイソーを利用している。

　他にも低価格スーパーのイーマートやノーブランドも、よく利用する。

　理由は単純で、安いから。そして1ヶ所で必要なものをすべて購入できるからだ。

　私にとってショッピングとは、そういう存在だ。

　必要なモノを最短時間で、最小限のエネルギーで購入すること。効率を最大化するミッションと言っても良い。必要な生活必需品は、ネットで最低価格を探して買う。

「ミニマルライフ」を検索すると、バルミューダや無印良品、オーガニックが予測変換される。天然繊維やオーガニックは環境と健康という面では、これ以上なく素晴らしいものであるが、懐事情に余裕があるわけではないし、モノ1つのために遠くまで行かなければいけない労力を考えたら、少し無意味に感じる。

　よほどでなければ、ダイソーに売っていないモノはない。

私は安いモノが好きだ。

　見た目が良くなくても充分に長く使うことができるのなら、節約を最高の美徳と考えている。化粧品も通販アプリのロードショップブランドを使う。製品の質も良く、なにより安い。

　コップはコップとしての機能に忠実であれば良いし、ランプは灯を明るく灯せれば良い。

　自分の性格とスタイルを反映させられれば良いが、経済的な許容範囲を越えてまで、生活の美しさを追い求めたくはない。美しい人生が、美しいモノでしか生み出されないわけではないのだ。

　感覚的に、それとなく完璧なインテリアの写真でミニマルライフを紹介するが、すべてのミニマリストの日常が果たしてそんなにも完璧であるだろうか？

　日常自体が雑誌のように小綺麗で、ムダのないものだろうか？

　透明なガラスの瓶に入れられたシャンプーや洗剤、生

活用品を陳列させて、展示場のような家を持つことがミニマルライフではない。

　色合いにセンスや統一感が多少なくても、最低限必要な家財道具だけで生活している人であれば、その人は間違いなくミニマリストだと言える。

　高級品だけで飾った家は、かわいい写真を残すことはできても、ミニマルライフに憧れる人たちにとって、間違った認識と疎外感を与える。

　なぜ、ミニマルライフは感覚的なイメージが常にまとわりつくのだろうか？

　私だって、たまに混乱してしまう。

　いったい写真の中の姿が訴えるミニマルライフとは、何のことを言っているのだろうか？

　我が家には無印良品で買ったモノもないし、IKEAの家具もない。木目調のハンガーを使ったりもしない。
　洗剤やシャンプー、歯磨き粉はオーガニックどころか一番安いものを使っているし、物干しはネットで最低価

格のものを買った。

　アイロン用の霧吹きはダイソーで買った。

　キッチン道具もないし、琺瑯鍋も持っていない。

　スプーンと箸は木目調ではないし、プラスチック製品
も持っている。

　その他のモノは、ほとんどダイソーや近所のスーパー、
ノーブランド出身である。服は地下商店街、ユニクロや
ZARA などの SPA ブランド*で購入する。

　色を統一すれば見栄えが良くなるのは確かである。

　ただ、モノを買う度に「色を統一しなければならない」
という価値観に捉われたくはない。

　どうすればモノを買わないで済むかを悩むべきであっ
て、美しい家を演出するのに時間を浪費したくない。そ
れでも、自分がミニマリストであるという自負に微塵も
疑問を持っていない。

　プラスチックであろうと、木目調であろうと、ダイソー
であろうと、スーパーであろうと、一度買ったモノは一
生使うことにしている。毎日大切に扱って、壊れるまで
使う。ダイソーか、スーパーか、デパートかが重要では

---

* SPA は、Speciality Store Retailer of Private Label Apparel の略称。リーズナブル
な価格でトレンディーな洋服を扱うアパレルブランドを指す。

なく、使えなくなるまで共に過ごすのが、私にとって正しいミニマリズムである。

　不便さと共に平穏さと自由さが訪れるのなら、その不便さを持続させて物足りなさを楽しむことを選ぶ。不便さがストレスと疲労感に繋がった時に、初めてモノを買うことにしている。

　モノを買う時は、まずネットで最低価格を調べてから、商品レビューを見る。そしてオプションの中にモノトーンがあれば、グレーやブラックを買っている。

　先日、実家を出て独り立ちした。

　布団が必要だったので、濃いグレーのチャリョプイブル（薄めの布団）を買った。

　母は「格好悪い真っ黒な布団を買った」と私を責めた。しかし、私にとって布団とは、寝具以上でも以下でもない。微妙な厚みを選んだ理由も、１年中使いたかったからだ。

　モノを選ぶ基準において、管理のしやすさを優先する。

　いくら高級な良品であろうとも、単純な生活において邪魔になるのであれば購入しない。濃いグレーの布団を

買った理由も、汚れが目立たないし管理がしやすいからだ。

　また軽くて収納しやすい製品を買う。だから、折り畳み式や二重活用できるものを選り好みする。

　ミニマリストとして紹介されるＳＮＳの洗練されたインテリアの写真たちに比べ、写真写りは悪くとも、折り畳み式家具を好む。

　写真に写る時、感覚的な味は出なくとも、小さくて軽い製品を選ぶ。

　いつでも簡単に移動できて、収納も処分も簡単であるほど、心がラクでいられる。

　色が白や黒でないからといって、使っていたモノを捨てたりはしない。キッチン道具も、服も、統一感はない。いつどこで買ったかも、それぞれバラバラなモノたちだ。

　ミニマルに生きるということは、すなわち気に入ったブランド１つにこだわることが正解ではない。

　安価なモノただ１つで生きる、私のような人間もいるのだ。

徹底した尋問と審査

　数日前、２つの理由からミキサーを処分した。

　１つ目の理由は、長いこと使わなかったからだ。

　自立して実家を出る時に持って出た台所家電は、炊飯器とこのミキサーの２つだけだった。

　ローフードを楽しむために実家にいた頃からトマトやリンゴ、バナナをミキサーにかけて飲んでいたため持ってきたのだが、自立してからは面倒でしなくなってしまった。果物は皮を剝かずに食べるようになったため、ミキサーの存在価値が分からなくなってしまったのだ。

　２つ目の理由は、ミキサーから出る騒音が嫌だったからだ。

　この騒音のせいで、ミキサーでの調理を避けるようになったと言っても過言ではない。生の野菜や果物を飲めるようにするには秒単位ではなく、分単位でミキサーにかけないとならないので、騒音が半端ではない。

　それに鋭い刃も正直気に入っていない。凶器になり得ると思うと恐ろしくもある。

　大切に扱っていたので新品同然だし、まだまだ使えるた

め、綺麗に洗ってチャリティーショップの Beautiful Store に寄付してしまった。子どものいる家庭や忙しいサラリーマンなら、きっと私よりも有効に活用してくれるだろう。

『わたしのウチには、なんにもない。』（ゆるりまい著・KADOKAWA）という漫画原作のドラマを見ると、作者であり主人公のゆるりまいが面接官のように座り、擬人化したモノを１つひとつ尋問して、捨てるか捨てないかを判断する場面がある。

　悩む主人公に対して擬人化したモノたちが、あたかも就活生のように自らの長所を一生懸命アピールする。それを受けて主人公は捨てることを決めるのだが、ハンドバッグと決別するシーンは、涙ぐましい葛藤があった。

　モノたちは、まるでギロチンに掛けられる直前まで、無実を訴える囚人のごとく自らの有用さを主張するが、主人公は容赦なく冷徹に「必要ない」と言い放ち、少しでも替えがきいたり、管理が面倒であると判断したりすると、"捨て"のハンコと共に一刀両断する。

その主人公の姿は、今までのモノに対する私の態度と
よく似ていて、笑ってしまうほど妙に共感を抱いた。

　それ以外にも主人公はモノに話しかけたり、お気に入
りの服かどうかを見極めるために、１人２役で販売員と
顧客を演じ、脳内でシミュレーションをしたりする。ま
るで空港の保安検査場のように、隅々まで「なぜ必要な
のか」を追及する。

　私がミキサーを処分する時も、ドラマと似たような状
況が頭をよぎった。きっとあのミキサーも捨てられない
ために必死に私に対してプレゼンをしていたのだろう。

「何でも粉砕できます！」
「野菜でも果物でも、あなたの健康的な朝を保証しま
す！」
「機能も充実していて場所も取りません。夏には大豆を
挽いてコングクス*を作ってあげましょう！」

　そしておそらく、私はこのように判決を言い渡したの
だろう。

＊冷やした豆のスープに麺を入れて食べる韓国料理

「騒音がひどい」
「思ったより調理に時間がかかる」
「果物の皮はナイフで剥けば良い」
「後片付けが大変」

　あまりに薄情かもしれないが、本当にこんなやりとり
をしそうだ。
　こうしてミキサーからはじまり１人、２人と脱落して
いき、何度も行われる面接と厳しい審査を経て、最終的
に私の周りには精鋭部隊だけが残った。
　そう思うと今持っているモノたちが違って見えてくる。
もっと大切にしようと思えるし、より一層見栄えが良く
なった気がする。
　こんなにも長い時間、私のそばにいられたことが誇ら
しいからか、厳しい審査を通過した自負からか、堂々と
その場に居座っているようだ。

　今、我が家の台所に残った家電は、炊飯器１つのみ。
　料理道具は手のひらサイズのフライパンと鍋ぐらいしか
ない。ＩＨも１口なので、料理道具はいくつも必要ない。
　かつてミキサーが置いてあった空間は空いたままだが、

別に不自然さはない。もともと私とは縁がなかったのだ。

　使わないモノは、なくなっても未練が残らない。

　むしろ眼に入ったゴミのようだった招かれざる客が去ったおかげで、家の中が活気づくというものだ。

　自分にとって本当に必要なモノを知りたい時は、ゆるりまいのように振り返ってみるのも1つの方法である。厳しい検閲官のように、ムダなものはただの1つも許さないという気持ちで、その使い道を掘り下げてみよう。

　私たちが思っているよりも絶対なくてはならないものなんて、そんなに多くはないのだ。

モノを買う時の基準は
処分が容易であるかどうか

　今まではモノを買う時の基準といったものを持っていなかった。目に入ったり、必要だと思ったりすれば自問せずに購入していた。

　しかし、最近ではモノを買う時に、いろいろと深く追及している。

　その理由の1つは、捨てる時のことを考えるようになったからである。

　簡単に捨てられないモノであれば、よほどでない限り買わないようにしている。

　たとえば、服や本は中古で買い取ってもらえるし、衣類のリサイクルボックスに寄付してもよく、いろいろと再活用しやすい。

　ところが、寝具や布団などは図体が大きいので、処理が難しいケースが多い。なので、服や本を買う時の倍は慎重になる。比較的重さがあり場所を取るモノは、循環させづらい場合が多いので、どうせなら一生使う覚悟を持って選ぶ。

引っ越しをする時のことも熟慮する。

　折り畳み式やコンパクトなモノを選んでおけば、引っ越しが容易になる。

　額縁や陶器の食器類も捨てるのが簡単ではない。取り扱いを注意すべき商品のように、割れやすいモノは中古で買い取ってもらえない。寄付するのも難しい。

　家電製品や通信機器も捨てづらいものだ。図体の大きい家具も同じである。引っ越す時も荷物になるし、捨てようにもお金のかかる厄介者である。

　よほどでない限り、キッチン道具は購入しない。

　お皿も買わないようにしている。

　一生使うつもりで、モノを所有する。

　シャンプーや洗剤、石鹸のような消耗品は詰め替え用を買って、捨てる時のゴミを最小化する。価格も安く、何より容器のゴミを増やさないので、いろいろと便利である。

　プラスチックは避けられない状況を除いて、ほとんど

使わないようにしている。タンブラーを忘れて外出した
り、飲み物を買わなければいけない時は、リサイクルし
やすいビンや紙の容器を選ぶようにしている。プラスチ
ックは腐らないとのことだし。

　簡単に捨てられないモノは、生活をするうえで荷物に
なるし、未来の自由の足を引っ張ることになる。
　捨てたい時に捨てられて、送り出すことのできるモノ
だけを所有すれば、ストレスや負担を感じることもない。
　どんなモノであれ、私の自由を縛ることはできないのだ。

追い込まず妥協する

　ミニマリストになり意識的な消費をするようになってから、環境に対する関心がうんと高まった。

　しかし、最近になってからは便利さに敬意を示している。

　ハンカチを持って歩き、タンブラーで水を飲み、自転車を使ってみても、都市で生活をしてみると自分の身体ではないみたいに、心と行動が別々になってしまう。

　シンプルに生きるという哲学の下、日々過ごすようにはしているが、環境を考えれば考えるほど、シンプルに生きるという自分で決めたルールを破らざるを得ない。

　カフェで毎回タンブラーを引っ張り出して飲み物を入れてくれと頼むのも煩わしくなったし、軽やかな服装を志していながら環境を考えることで、行商人のようにハンカチやら、タンブラーやら、がらくたを持って歩かなければならずバッグがどんどん重くなっていった。

　公衆トイレで手を拭く時も、ハンカチを忘れてペーパータオルを使わなければいけない状況に自らを責めることまであった。

そんな自分の心と行動との矛盾について考えてみた結果、1つの正解に辿り着いた。

　それは、妥協である。

　外出してまで、環境による生活の動線を縛りつけたくはない。だから自らの力でコントロールできる帰宅後の生活と衣食住だけは、環境との共存を最優先させた。

　また、食べ物のゴミを減らし、買い物ではビニール袋を使わない、生活必需品以外のショッピングをやめるなど、できることをすることにした。

　自分の生活ルールを害さず、ストレスを誘発しないよう、自分が楽しい気持ちになれる活動を少しずつ続けている。

　「ミニマリストは環境擁護者になる」という説は、さまざまな理由で辻褄が合わない。人生の単純さを追求して、生活をシンプルにするためには文明を活用して、デジタル機器の助けを積極的に受けなければならないからだ。

　しかし、同時に消費を減らすという点が、どうしても環境に対する関心へと繋がるようだ。

完璧である必要はない。

環境を考える心を放棄せずに守るのならば、矛盾でしかない過度期に差しかかり、何度も転んで失敗をしたとしても、変化に適応しなければならない。心と行動とがいつも100％一致することなんてないのだ。

大切なのは、意識的に生きようとする自分の心構えだ。

本能と欲求だけに満ち、ありのままに手当たり次第に生きるのではない。常に自らを戒めながら管理監督する自分の生活態度をもとに正しさの指標とするのだ。

与えられた選択肢の中で最善を選ぶのであれば、それだけでも十分によくやったと褒めてあげよう。

完璧なゼロ・ウェイスト[*1]を1人でするより、意識的なミニマル・ウェイスト[*2]をする人が多くいるほうが良い。

完璧な菜食主義者1人よりも、肉食を止揚する100人がいたほうが、より世の中を早く肯定的に変化させることができる。

使い捨て製品を減らそうとする塵のような試みが積もることで、清潔な空気と大地が作られるのだ。

仕方がないことや解決できないことに対して、いつも

*1 ムダや浪費、ゴミをゼロにすることを目標に、できるだけ廃棄物を減らす活動
*2 ムダや浪費、ゴミを極力減らすこと（ゼロ・ウェイストよりも気軽さがある）

自責の念にかられていては、すべてのことがつまらなく
なってしまう。
　私が環境を考えるようになったきっかけも、結局は幸
せを求めたからだ。自然を愛する決意をした私を、私はも
っと愛するようになった。
　正義を貫くことも大切ではあるが、大切なものを守る
ことも、同じように大切なのだ。

情報への執着にも警戒する

　モノへの執着と同じくらい警戒しなければならないのが、知識や考えに対する執着である。

　最近、急に不安に押し潰されそうになったり、頭が混乱して整理されない状態が続いていた。

　原因は、知識に対する執着と考えに対する未練から来るものであった。

　私の考えるミニマリストとは、所有物が多いか少ないかだけで評価されるものではない。真のミニマリストとは、執着から解放された人のことである。

　所有物の顔色をうかがって生きるのがミニマリストではない。何にも縛られず自由であることを楽しむ。そんな素朴な姿こそが目指すべき理想なのである。つまり、持たない生活なんて、はじまりにすぎないのだ。

　所有物に限らず考え・知識・人間関係・信頼・宗教のような、目に見えず触れることもできないあらゆる事柄も、執着の対象になり得る。

　私のパソコンの中は、書類や資料で散らかっている。

　スマホにも、何かある度に残した100件ほどのメモ

が相変わらず整理されずに転がっている。目を通したメモや整理された書類は、使い終わったらすぐ捨てたほうが良い。油断して警戒の手綱を緩めた途端、増殖しだすのが情報というものだ。

　実を言うと私は物欲が生まれつき少なく、所有物のダウンサイジングは難しくなかった。他のミニマリストに申し訳ないぐらいに苦労してモノを手放しているわけではなかった。
　その反面、知ることへの熱意と文章を書くことへの愛情は大きく、そのためか知識とアイデアに対する執着は決して小さくなかった。
　読んでみたい本も、書いてみたい文章も、毎日のように沸き起こってはリストに名を連ねていく。常に試行錯誤しているから、輝かしいアイデアはリアルタイムで私の周りで漂い続けている。
　何か思いつく度に目の届く所に書き留めておかないと気が済まないので、放っておくと情報が溢れ返ってしまう。

うっかり目を逸らしている間に火の手が燃え広がるように、手がつけられなくなってしまうのだ。

　パソコンのゴミ箱は常に空にしておいて、作成が終わった物語や資料はすべて廃棄するようにしている。モノが多いといくら掃除をしてもホコリが出てくるように、情報やアイデアも同じなのである。

　スッキリした頭というのは、モノのない部屋と同じくらい私が大切にするコンディションである。なぜならそれは、モノへの執着を捨てた自由よりも、もっと大きな自由をくれるからである。

　ミニマルライフは、物欲から自分を解放してくれる以上の意味を持っている。生活全般を単純化させる作業であり、情報や考えも例外ではないのだ。モノがいくら少なくても、些細なことに神経を尖らせて、メモや知識に執着していては、ミニマリストと言えない。

　どんなことにもあっさりと、執着しない大らかさこそが、ミニマリストが持つべき素質なのである。

まだ捨てるモノがある

　手放すことには正体がない。

　ゆっくりではあるが、いざ振り返ってみると、家の中は毎日少しずつシンプルになっていった。所有しない上限のラインを引けば引くほど家の中は広くなっていった。ある程度、安定期に入った時も、毎回私の限界値を増やしていった。

　周りの人たちは、そんな私の姿を見て、そしてがらんとした家の中を見て、「ここで生活できるのか」と尋ねたほどだ。

　しかし、この生活に慣れたあとも、捨てなければいけないモノを何度も発見した。もう捨てるモノがないと思っても、いつも予想を裏切り、何かしら出てくるのだ。何もない空間はさらに少しずつ広くなっていった。

　何事も同じである。

　極端な変化を伴えば、グラフの振れ幅は小さくなる。丁寧に、とてもゆっくりと曲線を描いては上がっていく。たまに若干落ちることがあっても、くねくねと平行線を

維持する。時間が経つにつれ、「捨てることの道のりに限界なんてないんだ」と感じることができた。

　以前の私なら崩れそうになかった所有欲という壁が、何度もガラガラと崩れ落ちた。

　ベッドを捨てる時も、捨てることのできる家具はここまでだと思った。限界にぶつかったと断定したが、まもなくクローゼットを処分した。

　ショッピングを減らすことで、バッグや靴を必要以上に買わなくなりはしたが、それでも服は余裕を持って所持したほうが良いと思っていた。

　しかし、いつしか服にまで処分の範囲を拡張した。私服の制服化を追求したことで、持たずとも充分に優雅で洗練された生き方が可能になった。

　次は何を手放すのだろうか？

　ドキドキしてきた。

　何度も限界を超える度にトキメキ、変化は新鮮さとなり、1日をより豊かにしてくれた。不便であっても自由であったし、物足りなさは美しさであった。空いた空間には柔らかな安らかさがあった。

石鹸1つでシャワーを終えることで、ユニットバスの骨格があらわになった。私が見たユニットバスの中で、最高の姿だった。

　自炊の必需品である電子レンジを買わずに、いつまで粘れるか疑わしかった。しかし、電子レンジがなくても寂しさを感じなかった。コンビニに行く癖をなくすことで家計はより磐石になり、意図せず電子レンジ用の食品と併せてインスタント食品も買わなくなった。その分、自分で料理した健康な食事で埋め合わされた。

　所有の限界を克服することは、いつも自分との戦いなのである。

人付き合いもミニマルに

あまり人と会わないようにしている。

内向的な性格なのでおひとり様時間を作ってエネルギーを充電しなければいけないし、あまりにも多くの時間を人付き合いに割いてしまうと、本当に大切にしなければいけない人間関係を蔑ろにしてしまうと思ったからだ。

それに、毎週誰かと会っていると疲れが溜まってしまうし、人付き合いが増える分、充電時間も長くなってしまう。

なので人との約束は多くても週に1回と決めて、残りの時間は1人で休息を取ることにしている。

カレンダーに些細な予定もすべて書くようにしておけば、うっかり誰かとの約束を入れてしまう予防にもなる。

スマホの電話帳に登録されている番号は50件もない。

1年間連絡を取り合わなかった人は、思い切って連絡先を削除してしまうようにしている。連絡先を消してしまってから用事ができたことは今まで一度もない。

何か頼み事を聞いてあげなければいけなかったり、逆

に頼み事をしなければいけなかったりする時は連絡先が必要になるかもしれないが、そういった状況をできるだけ作らないようにしている。

　現代社会は、何かしら絶え間なくストックされる。
　物質的にいくらミニマルになろうとも、内面までミニマルになるのは簡単ではない。言われるがまま会員登録をしていたら、個人情報はいつの間にかそこら中に漂うことになる。
　だから、電話帳を定期的に整理することにしている。仕事上、連絡先を交換してもその仕事が終われば削除する。
　カカオトークも、メールの受信ボックスも、定期的に削除する。人付き合いを最小化すれば、その分本当に大切なことに集中することができるからだ。

バッグは軽く
服と靴はラクに

　普段、私は軽やかな服装を好む。

　バッグは軽くなければいけないし、服と靴は何よりもラクなものでなければいけない。

　バッグには最小限の所持品だけ入れているので、常に両手が自由になるほど、身につける荷物はシンプルになる。

　モノを雑多に持ち歩いたりはしない。普段から財布とリップクリーム、コンパクトケース、スマホぐらいしか持たない。

　原稿を書きにカフェに行ったり、誰かと待ち合わせをしたりする時は、手のひらサイズの文庫本1冊とモレスキンの手帳だけ準備しておく。

　身軽な服装を守る理由は、あれこれとたくさんのモノをバッグに入れたり、手にごちゃごちゃとモノを持って出掛けたりするのは歩く時に不便だし、重いバッグは負担になるからである。

　物理的に軽ければ、どこに行っても負担が少ない。

　移動する距離がどれほどになろうと怖くない。車もな

く、免許もない私が、この2本の脚だけで楽しく出掛けられる理由は、服装がいつでも軽やかだからだ。

　これからも、歩き派として生きていくだろう。
　バッグは今まで通り軽いモノを、服と靴はラクなモノを、歩く姿は蝶が舞うように無重力状態でありたい。
　モノを失くす不安も肩コリもなく、盗まれる恐れもない。
　長く歩いても、すぐ疲れたりしない。
　人通りの多い交通手段を利用しても、荷物がストレスになったりしない。
　服装が軽やかであればあるほど、自分の身体だけ守れば良いのだから。

お金とはアナログに接する

　私の人生において、「永遠にありえない３項目(ローン、クレジットカード、借金)」と表現されるほど、極端に後払い方式を警戒している。

　決済手段は、交通カードとデビットカードの２つだけを利用している。

　交通カードはチャージ式なので、１ヶ月に一度チャージする。

　いつも月初めに現金を引き落とし、生活費と交通費とで綺麗に分配する。

　必要なお金はすべて自分の手で触らないと気が済まないので、オンラインショッピングは面倒でも、わざわざ銀行に行って口座振替にする。公認認定書*もないし、クレジットカードも、カカオペイも、ネット銀行の口座もない。

　アナログな方法でなければ、自信を持ってお金と接するつもりがないのだ。

　今、現金を持っていなくても消費ができてしまうとい

＊ネット上で使用する印鑑証明のようなもの

う事実は、防護装置を一切持たずに手ぶらで戦場に向かうのと変わらないと私は思っている。

　誰にでも経済的な上限というものがある。
　私は意識的な消費をしようと努力をしているが、常に完璧に組み立てられた経済活動だけを行っているわけでもない。
　品質が一定に達していないモノを買うこともあるし、社会生活をするうえで予想していない出費をすることもある。
　そうなっても自分を責めない理由は、責めたところでかすり傷にしかならないからだ。

　デビットカードは、厳然と残高が決まっている決済手段であるし、預金された金額を超過すれば、それ以上の消費ができない。
　だから安心してお金を使えるのだ。
　クレジットカードが嫌いな理由が、アプローチのやり

口だ。

　いろいろな特典を提供して、誰しもあたかも世界で最も特別な人として扱ってくれるかのようにクレジットカードを宣伝するが、実際はお金をもっと使えと行き過ぎた消費を煽っているだけだ。

　刹那の快感に酔って、よく考えずに使ったクレジットカードからは、未来の自由の足を引っ張る借金しか残らない。ネット銀行とスマホ決済を使わない理由も、クレジットカードを使わない理由と同じだ。

　お金を使う時は、その行為がつぶさに肌で感じられなければいけない。そうであってこそ支払った金額に相応しい価値を得られたと考えられるし、支払った対価に価値があると振り返るようになる。

　しかし、お金を使うハードルが下がり、お金を使っている感覚がなくなれば、消費という行為にためらいがなくなってしまう。

　同じ理由でローンも組まない。

　どんな状況に陥っても、借金は作らないことにしている。借金をしてまで達成したいことなんてないからだ。

達成させたい切実な願いが借金を伴わなければならないのなら、それは自分の身の丈に合っていない願いということだ。仮に切実な願いを成就させたとしても、そのために作られた“借金”という犠牲は、決して私にとって価値のあるものではない。

　借金を作りローンを組んでまで、やらなければいけないことなんて決してないのだ。

　ローンを合理化したくはない。経済学的な根拠を掲げて、効用価値だの機会費用だの合理的選択だのとあれこれ言われても、私には通じない。

　お金を支払うために、生きているのではない。

　生きた証などいらない。

　ただ自然と順応するために生きている。生きていくうえで、私にとって不自然で大自然の流れを遡るようなことは、どんなことであっても数字と経済を優先させても合理化できるものではない。

　ちなみに３つも４つも銀行口座を開設して、支出を品目別に細分化させることは、慎ましいことではない。

　お金を使わないことほど、迅速で確実な財テクなどないのだ。

捨てるのも技術であり
訓練である

モノを捨てることは、技術であり訓練である。

ただ、いくつか基本的なルールを理解することで、これは難しい過程ではなくなる。

モノは、大きく３つの種類に分けられる。どんなモノでさえ"捨てる"という前提に立てば、次の範疇に属することになるのだ。

　１．**実用的な使い道があるモノ**
　２．**審美的な使い道があるモノ**
　３．**１と２のどちらでもないモノ**

モノをこの３つに分けたうえで、３番を探して捨てれば良い。

１番の実用的な使い道があるモノは、生活する中で見つけることができる。いつも使っているため艶があったり、手垢がついたりしているようなモノであれば、実用的な使い道があるモノだと言えよう。

たとえば、歯ブラシや歯磨き粉、ティッシュ、洗剤、

スマホ、財布などのような実生活と密接な関係にある所持品および、生活必需品のことである。これらは悩むことなく区別することができる。

　1週間から1ヶ月一緒に生活してみるだけでも、残すべきモノはどれか必然と答えが出るはずだ。使ったか使っていないか、その有無が基準である。

　2番の審美的な使い道があるモノとは、実用性は乏しくとも、自分に喜びと感動を与えてくれるモノである。
　私は思い出に縛られたり、流行に乗ったり、そこまでモノに愛着が湧かないタイプなので、審美的な使い道があるモノはあまりない。
　ただ、大多数の人が審美的な使い道があるモノに対して、1番の実用的な使い道があるモノと負けず劣らず価値を置いている。

・幸せな思い出が詰まった旅行先でのお土産
・好きな画家が描いた絵

・見ているだけで幸せな笑顔に包まれる家族写真

　これら３つのどれもが、直接的な使い道はなくとも感情的な使用感に包まれている。

　審美的な使い道があるモノならば、常に自分の人生に価値を与えなければいけない。意味のある１日に寄与することで活力を呼び、成長と幸福にしっかりと貢献しなければならない。

・インテリアのセンスを引き立たせる壁にかけた額縁
・ストレスを和らげ爽快な１日をスタートさせてくれる花や植物
・気分によってムードを幻想的に変えてくれる服とバッグ

　このどれもが、審美的な使い道があるモノと言える。よく管理して充分に使い道をまっとうできるように、真心を込められる人であれば、贅沢品をたくさん持っていたとしても、誰よりも素晴らしいミニマリストだと言える。

　見ているだけで気分が良くなり、毎日のように見ていたくなるものが２番に該当するものだ。使わずとも、使

い道が明らかなモノである。

　私たちが遠ざけなければいけないモノは、3番だ。
　この使い道もないのに場所だけ取るモノを処分できれ
ば、空間の余白を取り戻すことになり、ひいては頭の中
まで軽やかになる。ストレスは減り、時間とお金が集まっ
てくる。
　私の場合、精神的な余裕や、集まった時間とお金のお
かげで、普段から興味を持っていて、気になっていた活
動に積極的に挑むことができるようになった。
　投資できる金銭的な余裕と、時間的な余裕を得たこと
が、ミニマリズムの本質と言える。
　だとすれば、3番をどのように区分すれば良いか。
　もう一度言うが、捨てることも技術であり、訓練であ
る。最初は簡単にはいかないだろうから何度も練習しな
ければいけない。

　私たちの攻略対象である"3番"に該当するモノを見
抜くうえで、必要ないくつかの基準がある。この基準を
満たしたモノであれば、どんなものでも処分の対象とな
るのだ。次の基準は普遍的であり、誰にでも適用される

基準である。

　基準は全部で、5つある。

基準1．寿命を迎えたモノ

　期限が過ぎた（寿命を迎えた）モノは、基本的に使うことができない。

　製品の裏面に印刷された日付を確認すれば良い。食品や化粧品、衛生用品、薬は、すべてここに該当する。

基準2．欠陥のあるモノ

　言葉通り、欠陥があって使えないモノ。

　片方しかない靴下、欠けた器、縮んだズボン、色落ちしたジーパン、取手が外れた鍋、染みのついた服、虫に食われた下着、故障した電子製品などが該当する。

基準3．次を約束できないモノ

　スキー用品や水着、扇風機などは、1年中使うモノではないが、使う季節が明確である。何ヶ月か使わないとはいえ、次の使用が約束されているため捨てることはない。

　次を約束できないモノとは、"いつ使う"かをハッキリ言えないモノのことだ。

痩せたら着られるだろうと仕舞っておいたワンピース、流行が回ってきたら着ようとしていたブーツカットのジーンズ、家でパンを作る時に使おうとしていたホームベーカリー、中学・高校時代に着ていた制服と運動着など……。

次に使う日を約束できるかできないかは、本人がよく分かっている。

"口実"ではなく、合理的な使う"理由"がないのであれば捨てなければならない。空間をデトックスするという決意を持って虚心坦懐に自問してみれば、すぐに捨てなければいけないモノだと分かるはずだ。

基準4．捨てられないと思ったモノ

捨てられないという理由は、実は存在しない。

そのため、捨てられないという理由を口実に、捨てられないモノをここに該当させた。

「高価だったから」「くれた人の誠意を考えて」「もう一度買うことのできない希少なものだから」など、理由を挙げたら枚挙に暇がない。

私たちが捨てられないモノは、最初に挙げた３つのモノの中で１番と２番だけだ。この２つの範疇に属したモ

ノであれば、持っていても人生を豊かにしてくれる。

　２つのうち、どちらの条件も満たさないモノは、どんな理由であれ、保管を合理化することはできない。

　人生を蝕み、空間を脅し取り、機会を奪い取ることで、あなたを過去に縛り続けるだろう。

基準５．思い出の詰まったモノ

　思い出の詰まったモノは、最も捨てづらいモノだ。

　しかし、「基準４．捨てられないと思ったモノ」にある実用的な使い道があるモノと審美的な使い道があるモノのどちらにも該当しないモノが、思い出の詰まったモノである。

　審美的な使い道があるモノは、自分の心に喜びをもたらしてくれるものだ。卒業アルバム、ラブレター、友達との手紙、フィルム写真など、こういったモノは、１つか２つあれば充分である。

　これら審美的な使い道があるモノと、思い出の詰まったモノとの決定的な差は、保管の仕方にある。

　引き出しの中に眠っているモノは、審美的な使い道がないモノである。目に見える所に置くことで、本当の価値が生まれる。

家族の遺品や卒業アルバムなどは、思い出として残しているというよりは、むしろ単純に捨てづらい過去の残骸でしかないと私は考えている。

　実用的な使い道があるモノと審美的な使い道があるモノはどれも今を生きる進行形のモノたちである。思い出は過去の産物でしかないのだ。

"捨てづらいモノ"と"審美的な価値のあるモノ"は違う。

　思い出とは、今を生きる者の足を引っ張る良き材料である。私も思い出に執着したことがある。そういう時ほど、現実を軽視するものだ。過去の出来事に浸ることで、思い出が私を豊かにしてくれると信じていた。美しさやトキメキではない、ただ未練のために引き止めておきたかったのだ。

　過去という拠り所は、今を生きようとする私の邪魔をする。だから思い出の品も、あまり引っ張り出すことはなかった。思い出は決して今を超える存在になれはしない。過去よりも今が、いつでも圧倒的に勝っていなければならないからだ。

　これ以上、思い出という大義名分を持ってモノを保管することはないだろう。

私の人生はもっと価値があり、今に集中することができる。これまでよりも人間関係に最善を尽くし、生産的な時間を過ごす。形のあるモノをたくさん所有したからといって、それが必ずしも豊かさへと繋がるわけではない。

　思い出は、物理的な形がなくとも心の中に静かに眠っているものだ。過去を代弁しうる物理的な形があろうとなかろうと、私にとっては紛うことなき過去の産物である。

　思い出を処分するうえで有効となるのは、デジタル化である。手紙、表彰状、招待状、写真などの文書や画像はスキャンする。モノは写真に撮って残すのだ。

　今すぐに捨てられないモノは、デジタル化することで処分がしやすくなる。スキャンしたモノや写真は、残しておかなくても良い。

　私は、思い出を代弁するモノは所有しない。友達が手紙を書いてプレゼントしてくれたとしても、読んだらその手紙は捨ててしまう。

「薄情だ。どうすれば手紙を捨てられるのか」とお叱りを受けようものなら、私には二度と手紙を書かないでくれとお願いするだろう。プレゼントをしたり手紙を書いたりする時、人は可愛い便箋ではなく、気持ちやメッセージを

伝えたいのだ。その温かい心だけ、胸の中にきちんと仕舞っておけば良い。その気持ちが、2人の仲にありのまま染み込んでいくのだ。

　そうは言っても思い出が詰まったモノを捨てるのは、大変なことだ。
　だから時間的猶予を充分に与えて、簡単に送り出すことのできる思い出から手放していこう。比較的最近に起こったことであるほど捨てやすく、真心があまり込められていないモノであるほど手放しやすい。

◆

　基準1から5に該当するモノは、すべて捨てて良いモノだ。捨てたからといって何も起こらない。万が一心変わりして、あとで再び必要になっても、最悪の場合、また買えば良いのだ。
　捨てる瞬間に葛藤した時間が面目を失うほど、その千倍・万倍以上の解放感が訪れる。空間が息をしはじめ、心もまた、羽ばたくように軽くなる。
　もちろん勇ましく捨てたものの、地面を叩いて後悔することもある。ベッドのない生活に憧れ、座敷生活を夢

見てベッドを捨てたものの、腰が痛くてまたベッドを買うことになったミニマリスト仲間の知人も少なくない。

　自分の生活スタイルと体質とを照らし合わせて、そこに相応しい捨てる基準をもうけることが必要なのだ。

3 部

私らしく自由に

部屋着を軽んじない

　私たちはよく、家ではくたくたな服装で時間を過ごす。

　外では着られなくなった古くほつれたＴシャツと半ズボンや、首が伸びているうえにひざが出ているジャージ姿などだ。

　しかし、外出時に着飾る労力のたとえ半分でも、部屋着に注いであげることで、人生の質は変わるのだ。

　家で何を着るかは、家で過ごす時間の質を決める。絶対に見落としてはいけないことだ。

　部屋着といえども、ゴミのような格好で過ごしたなら、自分の気分までもゴミになってしまう。

　部屋着でも100％気に入った服を着れば、いつも優雅な気分でいられる。

　家にいる時間を過小評価してはいけない。

　思っているより私たちは、多くの時間を家で過ごす。見ている人がいなくても、家でもずっと身なりを整えておけば、外出時も無意識に習慣化された優雅さが滲み出るものだ。中で漏れる甕は、外でもだらだらと漏れている。

部屋着を選ぶ基準は、外出時よりもっと厳しくなければいけない。

　どんな服よりも、より多くの時間を共にする服装が部屋着なのである。だから自分の価値観と生きる態度を反映させるべきで、優雅でありながら教養のある素朴な格好で揃えなければいけない。

　人前では着なくなった服を気楽な部屋着へと降格させる行動は、最悪のクローゼットを作る近道だ。家で着ることを言い訳に、クローゼットに粛々と詰め込んでいく。そうして家用へと転落した捨てられない服たちは、一度も着られないまま、10着なら10着がクローゼットにそのまま放置される。

　家で着る服は、最高のクオリティを誇るたった1着があれば良い。一度は外出用だったが飽きてしまった服や着られなくなった服が、部屋着を選択する基準であってはいけないのだ。

　部屋着は、友達から「今すぐお茶しに行こう」と誘わ

れても、雰囲気の良いカフェを堂々と満喫できるほど、ラクな服装でありながら、オシャレさを備えた服でなければならないのだ。

髪は毎日洗わなくて良い

　私は髪を毎日洗わない。

　２日に一度、身なりを整えるために洗うが、外出する予定がなかったり、汗をあまりかかなかったりする冬などは、３〜４日に一度洗う程度だ。

　シャワーは毎日浴びるが、髪は洗わない。

　また、髪を洗う時に使うのはシャンプーだけで、トリートメントやリンス、エッセンス、オイルなどは持っていない。ドライヤーも使わず、扇風機で乾かすか、自然乾燥させる。

　人によって頭皮のコンディションが違うので、何が正しいとは言えないけれど、個人的な見解として１日１シャンプーは頭皮に毒だと思っている。

　私の毛髪の状態は良好だし、頭皮も健康である。染めたりパーマをかけたりしていないからかもしれないが、おそらく髪を毎日洗わない生活スタイルのおかげだろう。

　髪を洗う理由は単純である。

　頭皮についたホコリや異物を除去するためだ。室外で

活動する限り、ホコリは全身についてしまう。頭皮も例外ではない。

　私たちの毛髪は適切な天然養分を必要としていて、頭皮は天然オイルを分泌している。皮膚が油分を排出して水分不足を補うように、頭皮も毛髪に油分を供給している。

　もちろん、長い間放置すれば毛根の隙間に油分が固まって櫛が通らなくなるし、健康な毛髪が生えてこなくなる。

　その反面、相対的に栄養が届くまで時間のかかる毛先は、頻繁に髪を洗うことで毛髪に良い油分までシャンプーが洗い流してしまう。すると、たちまちパサパサになってしまい、毛先が分かれて力がなくなってしまう。なので髪を洗う時は、毛根と頭皮だけよく洗えば良いのだ。

　シャンプーで髪を洗う時、頭皮マッサージも几帳面に行う。

　毎日洗わない分、指先で気持ち良さを感じるまでマッサージをする。シャンプーはごく少量だけ使い、すすぐ時は徹底して洗い流す。よく洗い流せていないと、残ったシャンプーが毛根を塞いでしまうため毛髪が健康に育たなくなる。傷んだ髪が全くないとは断言できないが、私の髪質は比較的良好である。

私が適当な長さの髪型を維持するのも、あまりにも髪が長いと、このすべての工程を経て髪を洗うのは現実的ではないからだ。私は生まれつき怠け者で、美容やケアが不慣れなため、私にとって長い髪は面倒臭さと大変さを伴うやっかいな存在でしかないのだ。

　髪を毎日洗わないと臭くなると思うだろう。頭の匂いは汚れによる匂いというよりは、毛根の油分の匂いである。汚いと感じるのは有毒なシャンプーの匂いに慣れてしまい、馴染みがないだけだ。
　なので私はドライシャンプーや油分を吸着するパウダーを使っている。髪の表面や毛先を洗わなくても、数日間はすべすべしている。ホコリや異物が付着しやすい前髪や横髪に適量のパウダーを使えば、毎日シャンプーで髪を洗わなくても、外出時には何の支障もない。

　また常日頃から頭皮を風通し良く維持することも、頭皮の健康を助けることになる。
　私はキャップをほとんど被らない。
「キャップを被ることで頭皮の健康を妨げる」などという科学的根拠は知らないが、ただ単にキャップを被った

時に感じる頭の息苦しさが嫌いなのだ。あまりにも暑い日は日傘を差したり、藁で作られた通気性の良いバケットハットを被ったりする。頭皮や毛根に刺激を与える行為は、絶対にしないようにしている。

　さらに、頭はできるだけ夜寝る前に洗うようにしている。
　寝る前に洗えば気持ち良さで眠気も来るし、頭皮だけ扇風機の冷たい風で乾かして、毛先は寝ている間に自然乾燥させている。髪を乾かすことほど疲れることはない。適度な水気があるうちに髪を拭いて寝れば、次の日にはヘアアイロンを使わずに自然なウェーブができるというメリットもある。
　内部的なケアも、もちろん忘れない。髪の毛に良い栄養をたくさん摂る。髪と爪はすべてタンパク質でできているので、適切なタンパク質と質の良い脂質を摂ることで、髪と爪が健康に育つ。
　アーモンドやオリーブオイルを1日に推奨される量だけ摂取すれば、特にトリートメントやヘアエッセンスを使わずとも、良い髪質、髪や頭皮の健康など、すべて簡単にケアすることができるのだ。

旅先では普段と変わらない日常を過ごす

「図書館と庭園がある所であれば、他の道楽は必要ない」という言葉がある。

張 錫周という詩人の言葉である。

私はモノを買うことにも、ファッションにも無関心である。装備が必要な活動的な趣味もないし、騒がしいコンサートや遊園地を楽しんだりもしない。

読書と思索、たまに友達とする仲良くくだらない談笑、お寺巡りや執筆、柔らかいパンとほろ苦いコーヒー1杯でのコーヒーブレイクぐらいが、私の娯楽のすべてと言える。

私が旅行をしたいと思うのも、その国の遺跡や食文化が気になったからとか、現地の人と触れ合ってみたいとか、多様なレジャーを体験してみたいという理由によるものではない。ただ見慣れない風景を、一貫した私の姿で、読んで、歩いて、味わってみたいからでしかない。

だから私は、体格も小さく動きも大きくなく、群衆に自然と溶け込む自分の姿が好きだ。

そうでなければ、きっと空気のように旅行地に滞在できなかっただろう。モノトーンのほっそりとした服を着て、化粧っ気もなく地味な旅行をする私の見た目は、見慣れない外国の風景の中に溶け込むには、このうえなく完璧な条件だった。

　観光客の足跡と話し声は、その地の日常の平和を壊してしまう。

　だから名所や観光地には頑なに行かないようにしている。日常の柔らかな趣は、現地で生活する人々のように、ゆっくりと１日を平凡に過ごすことでしか味わうことができない。

　線路と共に流れていく汽車の揺れに身体を任せたり、空気を逃さず吸い込むほどゆっくりと歩いたりしている時が、それだけで充分に楽しく新鮮さを感じられる。洗濯物を干すという至極日常的なその瞬間も、それが見慣れない異国の地であれば１つの余暇となる。

　干してある濡れた洗濯物の後ろには開かれたいつもと違う空があり、洗剤からも独特で並々ならぬ香りが漂っ

てくる。

　風景と日当たりを肴に食べる朝食と余裕のあるモーニングタイム、適当な周波数で合わせたラジオから聞こえてくる歌声と思ったより低い声で話される外国語。窓から見える風景や陽の光の明るさもすべて観光であり、見応えのあるものなのだ。

　何着かだけの服だけで、何週間でも何ヶ月でも、１ヶ所に粘り強く滞在して、もたもたと旅行を反芻（はんすう）する。
　ショッピングもしないし、写真も撮らないが、１つ、２つと集まった記憶のかけらを分かち合いながら話し相手となる。
　列車で隣の席にいるお爺さん、宿泊先の上の階に泊まる若い女性、よく行くコミュニティの管理人である中年の女性が、私にとってきちんと積み重ねられた形のない記念品であり、１枚の写真なのである。
　その人たちの言葉使いに慣れていって、一言二言は自然と話せるようになる。
　そしてスーパーに陳列された食品たちが、いつの間にか日常となって少し飽きを感じはじめた頃、「あぁ、ここを離れる時が来たのだな」と独り言を言う。

こうして旅行者であるという身分をうっすらと忘れかけた頃に、やっと旅行を終える日を決める。

　旅行を終える瞬間は、旅行するにうってつけのタイミングというわけでもなく、航空券が安い木曜日でも、オフシーズンでも、旅行しやすい30日間でも、1泊2日でもない。

　旅行の時期と場所を決める基準はただ1つ。

　行きたい、という私の気持ちだけだ。

　私にとって旅行とは、今の暮らしの姿そのままで日常を歩むことだ。

　違いは、ただその背景が見慣れない地であるという点だけなのだ。

　だから出発する日を定めない。どこかに定住しても、1〜2ヶ月もすれば離れるつもりで巣を構えることはない。行かなければならない所もなく、決められた日程も、食べなければいけない料理もない。

　目が覚めた時間が動き出す時間であり、お腹の空く時間が食事の時間である。

　毎日1人で図書館の本を読み原稿を書く日常は、旅行先でも同じである。

カフェに寄り、手帳を開き、文字を書きなぐり、本を読む。ボーッと窓の外を何時間も見ていることもあれば、公園で音楽を聴きながら散歩したりもする。

　誰かが横で声をかけてくれば、その人の話を聞くこともある。歩きながら偶然にたどり着いた場所で思いがけず美しい風景に出会うこともあるし、目的もなく乗った汽車の中で何ひとつ重なることのない独特な縁と出会うこともある。

　数時間もかけてどこかに移動したりはしないし、その地域を移ることもまたない。航空券のもとを取ろうとして、大陸横断を敢行したりもしない。

　1つの国、その中でも1つの村を何気なく選び、肩越しに見て学び、経験して成長する。

　もともと生活の動線が狭い私なので、旅行地でも変わらず移動距離が短い。

　それでも人々の歩き方、好きな音楽、朝の風景、毎日の速度、みんなの笑い声、その1つひとつを逃さず細部まで思い描くことができる。

　観光とショッピングをやめたことで生まれた時間と資金で、滞在期間を延長する。

長くゆっくり、うっすらと旅行することでいつまでも濃い香りを楽しむことができる。

　出発のチケットは切っても、帰るチケットはない。

　帰りたいと思うまで、もしくはお金を使い果たして、これ以上滞在できなくなるまで、いつまでも居たければそこに居る。

　いつまでも帰らないとしても、それはそれで良いのだ。

稼ぎが少なくても
充分幸せでいられる

　好きなことをしながらお金もたくさん稼げるのなら、その人は幸せな人だと言える。残念だが、みんながそうでないのが現実だ。

　とはいえ、お金を稼ぐためにストレスを感じ、またそのストレスを解消するためにお金を使う悪循環よりは、少しの欲を落ち着かせて、ゆっくりと自由に生きる人生のほうが、価値があり、やりがいがあり、幸せであると確信している。

　日本の元ニートであり哲学者の pha は、「働く理由がただ生計のためだけであるならば、いますぐ辞めるべきである」と言った。彼は自らを剰余人間であると自負し、自由に生きるべきであるとニートプライドを説いて回っている。彼の『しないことリスト』（大和書房）において pha の主張に目新しいものはない。

　そこにあるのは、私がずっと指針のようにそばに置いて生きてきた言葉たちだ。

たった1日だって幸せでない日なんてない。

　だからいつも1分たりとも犠牲にしないというモットーを刺青のように心の中に刻みつけて生きている。

　社会的に認められた安定した職場やマイホーム、結婚と出産は必ずしも自分の幸福と繋がるわけではない。

　もちろん幸せの条件は人それぞれであるが、他人が押しつける典型と主流に自らを当てはめるよりも、少し独特で変わって見えても、自分自身が堂々と幸せだと言えるのならば、それで満足である。

　私はお金をほとんど使わない。

　普段は交通カード1枚だけ持って出掛ける。食事は家でとるし、服と生活必需品を買う場所は決まっている。贅沢品も買わない。外食もほとんどしないから、固定支出といえば交通費、スマホ代、家賃ぐらいでしかない。

　クレジットカードは一生使うつもりがないし、デビットカードは持っているが必要な時だけしか使わない。

　約束やミーティングのない日は、タンブラーとノート

パソコンだけ持って図書館に出勤する。

　ひと月の食費も、いくらもかからない。

　主に豆腐、リンゴ、たまねぎ、にんじん、トマトなどの野菜を少し買って、その時、その時に食べる。

　私は翻訳や執筆、英語講師、教材の編集など、いろいろな仕事に携わっているが、決してお金を稼ぐことに追われているわけではない。意味があり、自己啓発に繋がる仕事であるならば、どんなことでも楽しく喜んでやるだろう。

　同時にどんなことでも、未練を残さず手放す準備ができている。

　スマホ代を払う余力がなくなれば、解約するだけの話だ。

　家賃が負担になれば、メンバーを集めてシェアハウスに住むし、仕事が胸を息苦しく締めつけるのであればクールに辞めてお金がなくても生きられる方法を研究すれば良い。

　事実、長い間お金について多くの考えを巡らせてきた。

　私たちを笑わせ、泣かせるお金という存在はいったい

何なのだろうか？

　悩んでみた結果、お金は資本主義社会が作り出した虚構でしかないという結論に至った。

　紙っぺらでしかないお金に意味があるのは、お金に付随する人々の労働、価値、創造性、生存に必要な最小限の生活必需品が重要であるからである。

　資本主義以前の社会における貨幣は、真に交換手段の役割だけを忠実に担った。私たちが住む地域で生産されるサツマイモと、服を上手に作る商人とが合意して、サツマイモと服を交換する手段が貨幣であった。

　距離と時間を節約するために、物々交換よりも、お金という貨幣を選んだのだ。

　しかし、現代における "お金" は、すでにその役割を逸している。言葉通り、金が金を呼ぶ輪っかで結ばれている状態である。

　形のない株式やバブルのように膨れ上がる不動産、金融業という怪物が作り上げた普通の人には理解すら及ばない暗号のような記号たち……。

　すべて借金が借金を呼び、消費に消費を助長する虚像たちである。

お金を多く稼ぐために、お金をもっと使えと宣う。

　消費を助長して経済を活性化させようとする。

　割引シールを貼って、買わなければ損だと脅迫する。

　これ以上、お金に依存したくはない。

　お金を稼ぐために自分を殺し、人生を犠牲にするとい
う、バカなことをしないと決めたのだ。

　お金を稼がなくても、充分幸せでいられる。

　お金を使わなくとも意味があり、価値のある人生を生
きることができる。

　他人を思いやり、社会に寄与するならば生存以上のこ
とをやり遂げることができる。

　私が執筆、翻訳をし、外国語を教えて教材を作る理由
も、どんな方法であれ、大きかろうが小さかろうが、世
の中に貢献したいからである。お金を稼ぐためというの
は本質的な理由ではない。

　お金に依存しない耐性を育めば、お金のない人生もそ
んなに難しくはない。お金がなくても幸せでいられると
いう事実を、毎日を生きた証人となり、身をもって実践
して証明するだろう。

近い将来、お金を最大限使わずに生活したい。

　電話の代わりに無料のアプリで連絡を取り、自転車に乗って移動すれば交通費もかからない。

　Wi-Fi が繋がり、温かいお湯さえ出れば、充分に満ち足りた豊かな生活を送ることができるのだ。

いつ働いていつ休むかは
自分が決めること

　韓国の職場に通う平凡な会社員であれば、いや、世界中のどこであっても、どこかの会社に所属して働く人である限り、正規の勤務時間というものがある。9時から18時、いわゆる「9 to 6（ナイントゥシックス）」と言われる時間だ。

　学校を卒業し、社会に出ると、当然のように受け入れるものなので、誰も疑問にすら思わない。

　9 to 6と週休2日制があるから地下鉄にはラッシュがあるし、道路でも渋滞が起こる。退勤時間が待ち遠しいし、花金という概念がある。そして光の速度で過ぎ去ってしまう土曜日があるのだ。

　ただ、このなんとなく自然と私たちの中に巣喰った、型にはまった制度に対して、私は最初から拒否感を覚えていた。

　9 to 6の勤務時間は自由を縛る足枷でしかなく、サラリーマンを働き蟻、もしくは週末だけが待ち遠しい奴隷へと変貌させる。

会社は、収益を生み出し利益を追求する所なので、業務の効率を良くするために会社員たちを１ヶ所に集めて、決められた時間に働くようにするという趣旨があるのかもしれない。

　なんとなく聞こえは良いが、実際に業務の効率を最大化する最も確実な方法は、働きやすい環境とタイミングだ。しかも、その環境とタイミングは人それぞれ違うし、私のように毎回違う場合もある。

　明け方がひときわ集中できる日もあれば、夜遅くの何気ないティータイムに生産性が高まる日もある。

　会社員も、９時間という長い時間を会社で過ごしたところで、実際に業務に集中している時間なんて数時間だけなのだ。

「ノマドワーカー」という言葉がある。

　１ヶ所に定着せず移動するという意味の"ノマド"と、仕事をする人という意味の"ワーカー"を組み合わせた言葉だ。

世の中は時と場所に縛られず、どこでも仕事ができるほど技術が発展した。会議はリモートでやれば良いし、業務報告はメールで行えば良い。

　実際、同じ空間で顔を合わせて会議をする時間よりも、ランチ後のコーヒーブレイクのほうがもっと長い。

　むしろ時間と場所に捉われなければ、１日の100％を自分でコントロールできるようになる。いつ働いていつ休むのか、自分で決めることができる。その分、すべての責任を自分が負う。やるべき仕事を高いレベルでやり遂げるうえで、出勤時間や退勤時間、職場に縛りつけることは実は重要ではないのだ。

　むしろ自由が与えられれば、その分責任がついて回るので、緊張感を持って１日を過ごすことができる。

　時間をより効果的に活用するために、徹底的して自分の行動を振り返るようになる。

　運動・休憩・仕事を何の制約もなく自由に行えるため、ストレスなくクオリティの高い仕事をすることができる。

　仕事中でも、ふと川辺を散歩したくなれば、いつでも散歩できる環境と時間が人には与えられなければならない。その時々、欲求が満たされストレスが解消されれば、

仕事への粘り強さも強まるというものだ。

　私には所属している会社がない。
　とは言っても、9時から18時までという制約がない
だけで、決して仕事が少ないわけではない。1日に10
時間以上働くことだってある。
　仕事に没頭しすぎてとても中断できない時は、時間外
労働をすることもある。別に誰かのためでもないし、誰
かに強要されて目に見えない圧力に屈したわけでもない
ので、楽しい時間外労働なのだ。自発的な夜勤と言って
もいい。
　ひとえに自分のための労働なので、動機付けが別途必
要というわけでもない。上司からの決裁や承認を待つた
めだけの時間で消耗することもまたない。
　生活の安定を求めるのであれば「職場」に執着するの
ではなく、一生働いていける「職業」を探したほうが良
いのだ。

　締め切りが近いと、夜勤もするし時間外労働もする。
　これは自然なことであるし、不満を持つようなことで
もない。

しかし業務効率を考えずに、空気を読むだけで、上司の退勤時間や同僚たちの目を気にするがゆえに、無理矢理または強制的に時間外労働をさせるのは、会社に対する不満やストレスなど、あらゆるフラストレーションを誘発するのである。

　今では、ノマドワーカーという働き方も珍しくなくなった。海外では積極的にノマドワーカーを推奨する会社も増えている。
　今は、あらゆるツールを自由に使う時代であり、地下鉄にも Wi-Fi が通る最先端の社会だ。
　技術の利点を使いこなさなければいけない時代なのだ。

自分の容量を守る

　自分の範疇を知らないまま、考えもなくたくさんのモノを所有しようとすれば、何ひとつとして大切に管理することはできない。

　自分の意地と能力で十分に管理統制し、できるだけ所有しなければならない。

　これは、モノに限った話ではない。

　私は体重が増えないように、常に警戒しているタイプだ。

　誰しも、自分にとって最適化された体重というのがある。背や体格を考慮した時、偏った重さは生活するうえでいろいろと不便が出てくる。

　体重が変わらないように維持する理由は、自分にとって今が負担のない管理しやすい最適な体重だからだ。

　数字上の体重以外にも、体感的にも常に軽く感じられるように努力している。

　過食を避け、長い時間空腹を維持し、夜食を食べないのも、身軽な時間をできるだけ維持したいからである。

モノを減らし空間を空ければ、家にいる時間は息苦しさが解消され、身体がすらりと軽々しくなり、歩く姿や生きるうえでのすべての動作が無重力状態になる。

　自分の身体を自分の力で管理できる体重が、最適な体重なのである。

　少し歩くだけで息切れをしたり、2〜3階分の階段を息を荒くして登ったりするようであれば、身体にムダなモノがつきすぎていないか、疑問を持たなければならない。

　ヨガやスポーツをする時も、身体が軽ければもっと楽しめる。空腹は走り出す足を軽やかにするし、ヨガのポーズも柔らかくする。

　胃がもたれていると無気力になり、精神的なストレスを誘発する。自分でコントロールできる範囲を超えた体格は、いろいろと不具合が起こるものだ。

　作られた人生ではなく、ラクで自由で軽やかな人生のために、体重を管理することはきっと価値のある選択である。

　管理できる範疇というのは、生きるうえで多くの領域に適用される。

自分の所有物も、自分でコントロールできる範疇を越えれば、掃除と整頓ができず環境が散らかってしまい、負の感情を量産する。

　手荷物の荷造りも、自分の力で持てる分を超えてはならない。１人の力で持ち上げることができない荷物を両手いっぱいに持って歩くことで、周りの人に手伝ってもらわなければならないのであれば、仮にそれが必要なモノだったとしても、他人の肩を押さえつけるような心理的圧迫に過ぎない。

　移動する度に、イライラと不便を誘発する荷物は、本当の意味で自分のモノとは言いがたいのだ。

　モノに振り回されるのではなく、本当の意味でモノの持ち主となり、道具を使いこなす立場にならなければいけない。

　バッグを３つ。

　小さなポーチに入り切る化粧品 10 個。

　ラタンでできたカゴ２つに入り切るいくつかの小物と本５冊。

　両手で抱きしめられるぐらいの服 30 着ほど。

　私は、これだけのモノしか持っていない。

これ以上になると、所有物の整理整頓と管理だけで疲れてしまうだろう。

　ミニマリストになると、毎日のように生活が活力で満ちてくる。すべての物事がシンプルになるからだ。
　生産的な1日を送ること、心地良い朝を迎えること、ストレスを感じずに服を選んで着る時間、ゆっくりでも愚直に目標を達成させる根性。
　このすべてを可能にしたのは、所有物の重さが私がコントロールできる範疇を超えていないからだ。

　人もコンピューターのように、定められた容量というものがある。
　記憶できる知識と情報の量も、消化できる食事の量も、休まずジョギングできる持久力と体力も、1日を通して消耗できるエネルギーも、把握できる知り合いの人数も、すべて自分だけに定められた適正量がある。
　この量を超えると、負荷がかかり過ぎて、エラーが起こるのは当然なのだ。

自分が幸せに
なれることをする

　長い時間、自分を探す旅路の先に私が出した結論は、ただ「私が幸せになれることをしよう」だった。

　一般的に楽しいと言われることでも、そこで喜びを得ることができなかった時は、それがどれだけトレンディーで、大衆的なものであっても追いかけることはない。

　今までの私は、心配事の多い人間だった。成功に対する執着も多く、認められたくて、常に誰かと比較しながら生きていた。いつも虚しさを何かで埋めようとしていた。

　しかし、そんな私を変えてくれたのが、持たないことだった。

　虚しさを虚しさのまま受け入れられるようになり、無理に何かを成し遂げようとすることが減った。何かをしなければいけないという圧迫感も、拙い基準で作成されたバケットリスト、何かが欲しいという欲望も、嘘のようにすべてなくなった。

　モノとショッピングが消えた部分は、成長と学びで埋め合わされた。

トレンドに素早く反応する同年代の前で、ゆっくり歩く人が良いと堂々と主張したことがある。そしてその堂々とした姿を人々は嫌わないものだ。考えが異なると馴染めないという考えは、私1人の偏見だったようだ。私はそういった人間関係の中でも、自分の居場所を探しに行った。

　社会を満足させたところで、自分の幸せが大きく膨らむわけではない。自分の力で自分の幸せを創造できる人生こそが、どんな人生よりも豊かであると確信している。

　ある人は、社会から成功の証を授与されても、ビッシリと詰まった道路に閉じ込められている。
　ある人は、車がなく歩いているが、自由と時間がある。
　より幸せに見える人として生きれば良いのだ。それを選ぶことができるのは、他の誰でもない自分自身なのだから。

本質が見える
正直なモノと人を選ぶ

　ミニマリストになってから、本質に対する執着がより強くなった。

　本質に集中することで、物理的な所有物を筆頭に、直面する大小さまざまな問題や悩み、食事、健康、人間関係、価値判断まで、どんなことでも本質とムダなものを明確に分けることができる。

　本質に集中することで、私はどんな選択を前にしても迷いがなくなった。

　複雑な料理をしない理由も、素材そのままの味を壊したくないからである。

　味付けや複雑なレシピは、すべて本質を逸脱した装飾である。調理せず、素材そのままで食べる食事は、自然の香りが心地良い。

　調味料や味付けがなければ、本来の味を壊すことも、味覚がマヒしたりもしない。中毒性が生まれたり、食後に眠くなったり、胃もたれを誘発したりもしない。さっぱりとしているだけだ。

後片付けもこれ以上なく簡単である。

　家具も同じである。
　折り畳み式や組み立て式の家具を好む理由は、その携帯性と軽さもあるが、何よりも骨格がハッキリと現れているからだ。
　机は脚が４本なければいけないし、面構えが良くなければならない。それ以外のものは、すべてムダなものである。

　美しいデザインや素晴らしい材料を使った高級感を誇る家具も多いが、あくまで私の目にはどれも同じ家具でしかない。
　椅子だって私にとっては、座る場所を提供してくれるだけで充分なのである。人体工学的である必要も、カバーが高級な革でなくとも良い。
　たとえば、バスや地下鉄に乗って移動する時、席が空いて座れたことを思い出してみてほしい。

バスの椅子が特別ふかふかで、人体工学に則って作られたから幸せを感じたのではないだろう。座れたという、ただその事実が嬉しかったのだ。

　椅子の座り心地が良かろうが悪かろうが、長時間座って作業をするのは脊髄の健康に良くない。もし椅子の座り心地が良すぎたら、ストレッチもしなくなるし、たまに身体をほぐして休憩を取ることもなくなるだろう。

　座り心地の良い椅子は、私にとって毒になるのだ。

　本質に忠実なモノは、素朴なカッコ良さがあるし、使用者にも有益である。

　炊飯器や掃除機のような電子製品を見る時も、私の基準は一貫している。

　炊飯器は、ご飯を炊ける機能があれば充分だし、掃除機はホコリを吸い込んでくれれば、やるべきことをやったことになる。ありがたいことに、本質に集中したモノは、価格までも安くなる。

　最近では、純粋な機能に忠実な製品は珍しい。

　扇風機にもタイマーだけでなく就寝モードなどがついていて、操作が複雑だ。風の強さも、１つ２つのボタン

ではままならない。微細な風の差まですべて操作できる
ように、いくつものボタンを埋め込んでいる。

　正直、微風と弱風の差なんて、私には未だに分からな
い。人類は一体、どこまで便利さを求め、新しさを求め
るのか知るよしもない。

　私は本質が見える正直なモノが好きだ。
　これは人間も同じである。
　自分の性格を隠して包み込み、誰かの関心を買おうと
する人を見ると、ひと目で拒否反応を覚える。
　気まずい静寂が嫌いで無理に会話を続けようものな
ら、気まずさは倍になる。話すことがない時は、何も話
さないほうが良い。
　文章も同じだ。簡潔で直接的でハッキリしているほど、
好感が持てる。

　人間関係において重視しているのは、社会的背景でも
職業でも年収でもない。人付き合いにおいて重要な条件
とは、その人の本質である。
　だから長い時間、深みのある対話を通じてしか分かり
合うことはできないのだ。ひょっとすると、人付き合い

がこれまでよりも難しくなり、もっと１人で過ごす時間が増えるかもしれない。

　しかし、こうした私の基準と、人を見抜く目は決してデメリットではない。もしも一生を添い遂げる伴侶を選ぶとしたら、私のこの目はとてつもない長所になり得るからだ。

　結婚をするなら、お金や時間、エネルギーを奪う意味のない虚礼や虚式は失くすべきだ。私にとって理想的な結婚とは、婚姻の誓約と、当事者である私と新郎。この３つが作り出す約束である。

　場所や着る服は、２人が共有する思い出が通じれば良い。

　本質を好む気質は、どこでも有用だ。
　旅行に行っても本質にだけ集中すれば、共同シャワー場や硬いマットレスに対して何とも思わなくなる。
　横になれる場所があり、下水道施設があれば、それで充分なのだ。

　断言するが、本質を見抜く能力は、私が得た最高のプレゼントである。ムダなものと本質とを判別することができれば、人生の複雑さが瞬時に単純になる。

本質を追求しながら、モノだけでなく、人間関係や学習、成長、葛藤を見つめる観点まで、すべてにおいて深い気づきを得ることができた。

　本質を把握する能力は、効率だけを重視するような単調なものではない。それは、選択の洪水の中で集中しなければいけない、たった1つの重要な価値を見抜く洞察力である。

　平凡さの中に潜む特別なものを見つけ出せる目こそが、本質を見る能力なのだ。

全く別の世界を
見ることになった

　ブログをはじめて約 10 ヶ月。この間に、コツコツと記事を書き続けてきた。

　目に見えるような大きな変化が起きたわけではないが、私を毎日成長させた。知らなかった自分の新しい姿が見えてきて、漠然としていた知識もより具体的に学ぶことができた。内向的で敏感で独特な関心を持つ姿も、独特なまま、人と違ったまま、さらに磨きがかかった。

　1 年前と今で、私自身は大きく変わったわけではない。

　相変わらず物事に敏感で、世の中で面白いと言われていることの 90％が退屈で、考え事も多く、1 人でいることを愛する性格も変わらなかった。

　背が伸びるわけでもなく、顔が変わるわけでもなく、目の色が変わるわけでも、眉毛の形が変わるわけでもなかった。半年前だろうが、半年後だろうが、友達は相変わらず「あんたは変わらないね」と言う。

　しかし、小さな変化は数多くあった。

　ショッピングをせず、お酒も飲まず、持っていたモノ

の 90％を処分した。

　今年から床で寝るようになったし、毎日のように運動をするようになった。

　私の名前が書かれた本を世に出すこともできた。

　気が乗らないことは断り、負担になる人との付き合いはやめた。

　心が惹かれることだけ行うようにした。

　とはいえ、大きく変わったわけではない。友達の目に映る私の姿も、彼女たちの持つ私のイメージと変わらないはずだ。

　しかし、私の目に映る世の中は、大きく変わっていた。

　友達や家族、人間関係、身の回り――。

　どれを取っても変わらないものはなかった。

　道に咲いた花。

　漢江（ハンガン）＊沿いのアヒルの群れ。

　飛び回るトンボでさえも変わって見えた。

＊ソウルの中心を東西に流れる川であり、長さは韓国で2番目に長く、領域面積は1番広い。

私の目に映る世の中は、あまりにも大きく変わってしまった。

　今までは、成長といえば自分の変化を指すと思っていた。知識の幅が広がるとか、人格が備わるとか、美しくなるとか、特技が上達するとか、自分が成熟することを成長と呼ぶのであると信じていた。
　しかし、蓄積された時間はすべて、それ自体が成長であった。しばしば成長というものは、目に見えず、聞こえもせず、手で掴むことすらもできないことがある。そういう時は、どうやってモチベーションを保っていたのか不思議である。

　一生の中で、最も多くの成長をもたらした去年の１年間。
　私の変化を数字で換算するなら、実際は多くの差は出ないだろう。年齢はせいぜい１歳増えただけだし、自分から話さない限り、私が経験した変化に誰も気づくことはない。
　それでも世の中を見つめる方法が変わったことが、私にとってより多くの成長になった。

自分の姿が変わることよりも、全く違う世の中を見られるようになった自分の態度の変化を褒めてあげたい。

　何も変わらなくても、どんな角度で世の中を見るかによって、目に映る風景は変わるのだ。

　個人の変化だけが、目に見える数字上の成長だけが、すべてではない。

　成長とは誰かが判断するものではない。

　五感を通して感じられる、そのすべてが成長なのである。

消費主義を拒否したい

　現代になって物質は生存を営む手段を超えて、私たちの正体や信念、ひいては存在の理由となった。

　21世紀の新たな支配者として浮かび上がってきた広告主や資本家、巨大株主たちは、メディアと広告で私たちの精神を支配し、社会を主導している。

「欲望は正しい」と叫ぶ。

「より欲する人々の心は正しく、正義である」と囁いてくる。

　そうやって洗脳された世の中で成功者の基準となるのは、もっぱら誰がより多く持ったかとなった。

　より多く持った者が勝つという方程式。

　この社会基準に従い、私たちは限りなく自然を害しているのに、自責の念すら感じなくなった。

　テーブルの上に出されたステーキ、トンカツ、魚の煮付け。

　これらが、どこでどうやって育てられ、加工され、食卓まで運ばれてくるのか知ろうともせず、無意識で食べ

ている。

　何も考えずに使い捨てるプラスチックや服、腐りもし
ないゴミたちが、一体どこに運ばれて行くのかすら分かっ
ていない。
　幸福を運んでくる成功のために、社会が謳う方程式に
従った結果、私たちを待つのは災いである。
　今は幸福であっても、それが私たちの生きる環境と子
孫たちの未来を脅かすのであれば、間違いなくその規則
や基準は、すべてもう一度改められなければならない。
　周りで起こる問題をしっかりと認識して、共に悩んで
行動したならば、社会によって洗脳された堕落した消費
主義から少しずつ自由になれるはずだ。
　私たちに必要なのは、贅沢品や高価なゴミではない、
伝え合う温かい愛と、分かり合える一体感、人情や価値
観の共有である。

　富を掌握する者たちが恐れるのは、競争者たちではない。

彼らが本心で恐れるのは、これ以上人々が広告に、噂に、メディアに耳を傾けないことだ。

　消費主義に向かって堂々と「違う」と答え、どんなに騒がれようとも、拷問にかけられようとも、自分の考える正義と人間らしい信念を守る人間。

　つまり、自分のやるべきことをやる人間たちを、彼らは恐れるのだ。

適当な距離を置く

　私は誰に対しても、適当な距離を維持することにしている。

　安全な距離を確保しておくことは、お互いにとって有益である。親密感が毒になり、人間関係を壊してしまうことだってあるのだ。距離感を感じさせないぐらいの安全な距離というのは、誰にでも守ることができる。

　頻繁に会わず、毎日連絡せず、良い話だけをしてあげること。

　この３つを守るだけで、摩擦が起きなくなる。いつ会っても嬉しいし、会う前に少しトキメクことだってある。

　深く大事な人間関係であるほど、より慎重に守りたがる。距離を置くことは、人間関係における私の価値観である。私を人格的に尊重してくれる友達は、私の価値観までも大らかに受け止めてくれる。

　近い関係の人であるほど、より気をつけて接し、言葉遣いや行動、そのすべてを慎重に選ばなければいけないと強く信じている。

無理をして相手の機嫌に合わせる必要はないが、不必要な正直さで相手の心を痛めつけることも良いことではない。

　大事な人ほど、一度失ってしまえば取り戻すことは難しい。一度できた傷跡は、長い間、人間関係を気まずいものにする。永遠にかつてのように戻れなくなるかもしれない。

　だからこそ、会えばいつもポジティブな気分をたくさん与えられるように努力しているし、尊重し、愛する気持ちだけをたくさん詰め込んで、渡してあげられるようにしている。

　親しい仲であれば、あえて言葉に出さずとも側に長くいることで、お互いの微妙な感情の変化を感じることができる。

「痛い」と言う前になぐさめてあげることができる。

　親しい人とは、いつ会っても距離感を感じずに仲良くいられる。

　昨日会ったかのように、水が流れるように会話が続き、気まずさや空白を感じることはない。

　安全な距離はよそよそしい距離感ではない。

安全な距離というのは、親密さをより美しい親密さへと作り替えるための、１つの装置である。大切な人を守ってあげるための保険とも言えよう。

　私は、あまり近づかれると警戒して、やや距離を置いてしまう。決して簡単なことではない。仲良くなるほど距離を縮めたくなるのは人間の本能である。その人の一挙手一投足を知りたいという好奇心が花開いてしまうものだ。
　しかし、大切な友達や愛する人を傷つけたくはない。本能を追いかけて、心が惹かれるままに行動して態度に出してしまうと、相手の心も見えなくなり、いつの間にか自分の心でさえも推し量ることができなくなる。
　寂しく、傷つけられ、憤り、悲しむ日々が増えることで、自分の気持ちを知ってほしいという期待感が日に日に膨らんでいく。
　そして毎回失望するのだ。

　近づくほど遠ざかるもの。だから距離を置くことを固く守る。
　相手はこちらが思っているよりも、もっと私を尊重し

ているかもしれない。尊重しているからこそ、言動に最大限気をつけるのだ。これは人間関係を守ろうとする強い責任感から生まれたものであり、この距離感は、決して拒絶のシグナルではない。

　性急さが、あらゆるものをぶち壊してしまうことだってあるのだ。

アドバイスしない

　世の中で最も恐ろしいものは、アドバイスだと私は思っている。

　人生においてたった1つだけ生きる知恵を選べるとするならば、それは「アドバイスするな」である。

　実際、アドバイスに耳を傾ける人はいない。

　ほとんどの人は、アドバイスを求めるという風呂敷は広げるものの、実際は答えが出ていることを愚痴りたいだけだ。

　助けを求めていない人にとっては、人生を変えるレシピを持たせてあげても、結局は無用の長物である。

　真心のこもったアドバイス。

　心配する言葉。

　結局、すべて意味がないのだ。

　健康は自分が健康なうちに管理しはじめなければならないし、勉強は一生懸命やれば成績が伸びるし、食べる量を減らしコツコツと運動を続ければ痩せる。

このような不変の真理を知らない人はいない。

　それでも未だに多くの人は、体調を崩してから慌てて運動をはじめ、しっかりと食事を管理するようになり、酒とタバコを減らす。

　ほとんどの人が、方法が分からなくてできないのではなく、分かっているけれどしないだけだ。

　成果を出す人はどんな障害物を前にしても成果を出すように行動をするし、切実でない人は四方から手助けをしても何事も達成できないのである。

　意志はあっても、方法を知らないという人は、どんな手を使ってでも自分で模索するのだ。

　私は以前、躁鬱病を患ったり、家族に対する愛着が湧かなかったりした時期があり、何年間かつらい時期を過ごした。

　しかし、家族との縁をどうしても維持しなければいけないという確固たる目標があったので、できることをすべて試してみた。

自らを奮い立たせて、危機を乗り越えた人たちの本を読み、聡明な人たちが手本にした生きるための哲学も勉強した。

　禁止された領域だと思っていた"相談すること"に対する偏見も、徹底して自分の力で崩すことができた。自分に成就させようとする切実な気持ちと努力があれば、目の前に立ち塞がる壁ですらもお手上げである。

　人は結局、自分のしたいようにする。

　自分の中で、何か気づきの火種が灯らない限り、変化が起こることはないのだ。

「咳が止まらなくて、最近気管支が良くない」と言う人は、体調が悪いと言いたいだけであって、問題を解決したいと意思表明しているわけではない。

　まだタバコをやめられていない人は、警戒心が弱いか、タバコをやめる気がない人だ。いくら喫煙の危険性を警告して禁煙しろと勧めたところで、「うるさい」と言うだけである。

　答えの決まっている愚痴には、ただ共感だけをしてあ

げれば良い。

　すでに道筋が決まっていて、克服する過程にあったり、夢に向かったりしている人に対しては、そばで頑張れと応援してあげて、絶対にできると自信をつけてあげれば充分なのだ。

　問題を解決しようと努力する人は、アドバイスを求めていない。やってみてダメなら、方法に問題があるかどうか自分で悩んで、真剣な悩みとして吐露することはあるだろう。

　一般的に、似たような悩みをした人や、同じような悩みを克服した人に質問するだろう。そういう時は、静かに確信を持って、自分の話をしてあげても良いと思う。

　時にアドバイスよりも、言葉のない応援が、相手の心を響かせる。

　変化する人は、自分で変化を作っていく。

　自分があたかも先生にでもなったかのように、他人を教化できるという自信は捨てよう。「変われ」という言葉を100回かけるより、変化した人生そのものが、どんなアドバイスよりも説得力のある助言になる。

最高のアドバイスとは、何も言わないことだ。行動そのものがアドバイスになるからである。

『シンプルに生きる　人生の本物の安らぎを味わう』（講談社）の著者ドミニック・ローホーは、「どんな原則を持っているか自慢をせず、その原則に沿って生きる姿を見せよ」というようなことを言っていた。

　どうやって食べるのが正しいのかを教えようとするのではなく、自分がまず正しく食べることなどだ。

　清潔な環境も同じである。

　道端に吸い殻を捨て、ゴミの分別をちゃんとしない人を非難する前に、自分が環境のために何を行ったかを、まず思い浮かべなければならない。清潔な環境は、まず自分からはじまるのだという認識が、どんな主張よりも重みのある警戒心を呼び起こしてくれる。

　必要のないアドバイスは、怒りしか生まない。

「このように生きなければいけない」と説教を垂れたければ、相手の人生の責任を取る覚悟から、まずはじめなければいけない。

　かえって、中途半端に慰めるほうがまだマシである。肩に手を乗せて、背中をぽんぽんと叩いてあげて、何も

言わず抱きしめてあげるほうが、無責任なアドバイスよりも、相手のためになるのだ。

特に趣向と言えるような
ものはない

　私には趣向がない。

　好んで選ぶデザインやブランド、パターン、装飾もない。インテリアとは無縁で、常に無難なスタイルに固執するのも特に確固たる趣向がないからだと思う。

「絶対にこのデザインでなければならない」とか、1つのブランドに固執することもない。

　守るべき確固たる趣向がないのだ。

　衣服は必要に応じて買う。似たようなデザインと素材であれば、タグについているブランドは重要ではない。

　形がどうであれ機能に忠実であれば、私にとっては良いモノである。

　現代的な高級感がなくても関係ない。平凡なモノでも、管理する人によって、いくらでも高級になり得るというのが、私の考えである。

　使っていたモノを、デザインのために変えるということもない。

　モノトーンとベーシックなデザインを求める理由は、

個人的な趣向というよりかは、単純に長く使いたいから
である。
　食器や寝具、家具などは単色の平凡なデザインを購入
する。これは何度か使ううちに、飽きて浪費になるよう
な状況を避けたいからである。

　ファッションとインテリアは自分を表現する手段であ
ると言われているが、趣向のない人にとってもスタイル
は存在する。
　つまり、趣向がないという趣向である。
　インテリアやファッション、化粧は、趣向があらわれ
る分野である。
　しかし私には趣向がないので、どんなモノであれ、個
人的な趣向を狙い撃ちされたり、買わずに我慢したりす
ることなどない。
　特に好む化粧品のブランドもないし、好きなデザイン
もない。自分の皮膚の色によく合う色を分かっているの
で、リップも１本しか持っていない。

趣向が私の正体を決めるわけではない。

　モノに対する趣向だけが趣向と言えるわけでもない。

　私は、目的意識や価値観に対しては、ものすごくハッキリしているタイプだ。

　好きなスポーツや選ぶ食事も明確である。ただ、オシャレの分野には鈍感なだけだ。

　広告で塗り固められた世の中は、趣向のない人間に対して、つまらない人間であると烙印を押す。趣向を持つことで広告のターゲットになりやすく、その分メディアが効果的に消費者を口説けるようになるからである。

　現代社会は趣向を強要する。

　北欧風インテリアやアイルランド式テーブル、ＩＫＥＡスタイル、ミニマルデザイン……。

　生き方と地域をナイフで切り分けて、個人の趣向を裁断・分類し、消費できるすべてのモノを、型にハマったデザインで販売する。トレンドを作り、スタイルに名前をつけるのも同じ脈略である。

　私はこれからも「趣向がない」という趣向を、最後まで守り通すつもりだ。

トレンドとマーケティングに強要され、存在しなかっ
たスタイルを強引に作り出してまで、素直に広告のター
ゲットになる必要はない。
　趣向というものは、初めから私を着飾る装飾品にはな
らない。
　確固たる趣向は、素朴な服装や控えめな見た目、言葉
遣いや付き合っている人を見るだけでも、すぐに分かる
ものだ。

4部

ミニマリストになったら

掃除がラクになった

　掃除機をかけることと雑巾がけは、日常的な習慣である。

　掃除の日を設け、散らかった部屋から解放されるために整理整頓を行うことは、もうないだろう。モノがない環境において、最も大きなメリットは整理整頓することから解放されることだ。

　私は今、午前中に一度、午後に一度、掃除機をかけ、毎日夜に雑巾がけをする。

　また、2日に一度はトイレ掃除とアイロンがけ、そして運動靴を洗う。

　こうして、いつも完璧に近い清潔さを保っている。

　実際、私はマメではないし、整理整頓や掃除の才能もない。

　かつての私にとって、掃除は煩わしくやっかいな日課であり、どうにかして先延ばししたいほど面倒な義務であった。

　そんな私が今では朝も夜も掃除をし、ピカピカ光るトイレを維持し、家の中を几帳面にキレイにしている。掃

除が面倒な労働ではなく、楽しい休日のイベント、もとい特技となった。

　変化の秘訣は、掃除のハードルが低くなったからである。家は狭く、モノが少ない。

　モノがないので、めったに散らからないし、面積が狭いので掃除が早く簡単に終わる。

　モノが定位置に置かれていなければ、すぐ気がつくし、掃除をすることで、あっという間に家が明るくなる。

　少しの努力ではっきりと変化が現れるので、頻繁に掃除をしたくなるのだ。

　以前は、毎日掃除をするなんて考えられなかった。

　限界まで先延ばしにして、これ以上ホコリと一緒に住めない状況になって、ようやく重い腰を上げて掃除をした。

　しかし今は床に置かれたモノもないし、家具もない。掃除機を数回往復させて、濡れた雑巾で拭いてあげれば、１日中清潔な状態を保つことができる。

　ホコリが積もる暇もなく、次の日には同じ方法で掃除

をする。10分もかからない作業だ。

　掃除機をかけるためにモノを仕舞う必要もなければ、散らかったとしても、モノが1つか2つ、床に転がっているぐらいである。

　洗濯物を片付けるために服の整理をして、クローゼットに空間を作る苦労もしなくて良い。

　毎日のように清潔なトイレを見ていると、少しの汚れも我慢できなくなる。玉の瑕のような小さいホコリも、目に留まるようになるからだ。

　掃除がラクになり、楽しくなり、ホコリが積もる間もなく、何度も掃いて拭いてピカピカにする。いつの間にか空間の清潔さは、常に最高を維持するようになった。

　気づかぬうちに自然と徐々に、掃除の達人として生まれ変わった。

　ピカピカの家に住んでみると、とてもじゃないが汚れたままにしておけない。瑕のない玉のような家で毎日生活してみると、家に傷がつかないように整理整頓が日々の行動として滲み出るようになる。

　清潔な空間を一度経験したら、この状態を守りたいと

強く思うようになる。散らかりようがないまで所有物を減らせば、清潔な空間を体験するチャンスが生まれる。

　そうやって暮らしはじめた清潔な空間は、整理整頓の好循環を呼び込み、私はいつの間にか朝も夜も習慣的に掃除をする人間となっていた。

　プロの料理人は、包丁を研ぎながら心を落ち着かせるという。私も心を落ち着かせる時間を常に持つようにしている。執筆や瞑想、読書、筆写など、いろいろな方法があるが、掃除はその中で一番良い方法である。掃除機や雑巾を手に取ると、いつの間にか雑念が消え失せ、心が落ち着き、頭が晴れ晴れとしてくる。

　ミニマリズムと出会わなければ、掃除の楽しさを永遠に見つけられなかったかもしれない。掃除がラクになり、楽しくならなければ、今ほど快適な空間で過ごす日々は思いもよらなかっただろう。ミニマルライフのメリットは、ところかまわず感じられているが、日々のお掃除においては特に強く感じることができる。

　モノを減らして本当に良かった！

サンプルとラッピングは
辞退する

　ミニマリストとして生きてみると、遠慮することがとても増えた。

　店員がオススメするイベント商品。

　もう1つ買うことでプレゼントがもらえるキャンペーン。

　街を歩くとよく目にする、広告のチラシ……。

　これらすべてが、今の私には関係のないことだ。

　買い物やショッピングをする時は、いつもマイバッグを持っている。おかげでビニール袋から解放された。

　化粧品を買う時期は、年に2回ほど。

　リップは1本を最後まで使い切ったことがない。途中で折れてしまったり、発色が弱まったりするので、3分の2ぐらい使ったらいつも処分している。もしも折れずに発色が維持されるのであれば、1～2年は優に使い続けるだろう。

　リップやBBクリーム、ローションを買うために1年に1～2回、化粧品を買いに行っても、サンプルはすべて遠慮する。

レシートももらわないし、ラッピングもしない、製品
だけを受け取って帰る。
　反射的に、どこに行っても、習慣的に口をついて出る
言葉がある。

「レシートは捨ててください」
「サンプルはいらないです」
「飲んでいくのでマグカップに注いでください」
「ポイントカードはありません。作らなくて良いです」
「袋はいらないです。入れなくて良いです」

　慣れてしまえば買い物の度に言うことは面倒臭くもな
くなる。
　たくさんの包装紙のゴミ、レシートの山、使うことの
ないサンプルから自由になれた。

プレゼントはしない

　私は、モノをプレゼントしないことにした。

　その代わり食事をご馳走したり、映画を一緒に見に行ったりする。

　先日、友達の誕生日に彼女の名前で、靴を買うことができない児童たちに、靴を1足ずつ贈ってあげるという寄付をプレゼントした。遠く海外で暮らす友達なので、会って祝ってあげることも、一緒に食事をすることもできないので、どうにかしてお祝いの気持ちを伝えたかったのだ。

　寄付はとても素晴らしいプレゼントだ。もらうほうも、送るほうも、気分が良い。形はないが、どんなモノよりも価値がある。

　自分の誕生日に、誰かがあなたの名前で恵まれない人たちを助けたとしたら、気分を悪くする人はいないだろう。施しと分け合いは、本当に不思議だ。

　贈る人が、もらう人よりももっと幸せを感じられる。

　実際、寄付は自己満足で行うものだ。コーヒー何杯か

我慢したお金で誰かの命を救い、少年少女たちの夢を叶えてあげられることは、喜びであり祝福である。

　友達の誕生日を、直接祝ってあげることはできなかったけれど、これまでのどの年よりも、友達を尊重する気持ちを伝えることができただろう。

無限の自信が湧いてきた

　誰かに「決心さえすれば地球も壊せるかのような雰囲気を感じる」と言われたことがある。

　たしかに、北欧神話に登場する神トールの黄金の金槌のように、ミニマリズムは私に不滅の武器を与えてくれた。

　どこから湧いてくるか分からない力が、ふつふつと湧いてくるようだ。

　不可能だと思っていたことも可能になったし、当たり前のことを当たり前として受け止めなくなったプライドがそうさせたのだろうか。

　誰もが歩こうとしない道を、1人の力で踏破したという達成感もある。肩甲骨に小さな羽根が生えたような気持ちだ。

　ミニマリズムが、私の心に植えてくれた希望の芽は無数にあるが、その中から1つだけ選ぶなら、もちろん私自身を非常にハッキリと理解できるようになったことを選ぶ。

　私がどういう人間で、どういう趣向や価値観を持って

いて、最終的な目標が何なのか。自分を非常によく理解できるようになったことで、そんな私の姿をもっともっと愛せるようになったのだ。

睡眠の質が向上した

　生活全般において、自己管理がラクになった。

　アラームは設定しておくが、鳴る前に起きられるようになった。

　眠くなる時間もだいたい同じである。

　寝る前に携帯やネットなど、すべての通信機器の電源を落とす。

　これも生活の中でダウンサイジングを実践する方法の１つである。

　通信機器のオフラインとともに、オンライン世界の私も休息モードに切り替えられる。すると思考のスイッチもオフになる。

　頭の中も、昼間にしっかりと活動したので、寝ている間は休憩時間になる。

　寝床に入ると、すぐに眠りにつける。寝返りもほとんどしない。

　就寝時間はいつも12時〜1時の間で、起床時間は7

時〜８時の間だ。この時間帯がズレることはほぼない。

　整理整頓された空間は、睡眠を邪魔する要素を遮断する。
　スマホの光、時計の針の音、悩み、思考など……。
　眠りにつく瞬間ぐらいは、すべての光と音から自分を
できるだけ分離させる。
　モノがなくなった空間は穏やかで軽やかだ。

1冊の本を繰り返し読む

1冊の本を何度も読む。

かつては読みたい本も多かったし、読まなければいけない本のリストは100冊を超えていた。所有欲につられて増殖したものだ。

図書館に行けば、読みたい本を5〜6冊も取り出し、重そうに抱えて席につき、机の横に積みながら読んだりもした。しかし結局、1冊もまともに読めなかったが……。

今は、読みたい本がない。

必ず読まなければいけない本もない。

関心を持った本は写真を撮っておいたり、メモをしたりしておく。そして、それを持って図書館や本屋に行って読んだり、電子書籍を購入したりする。時間がある時に読みまくれるように本を本棚に仕舞っておくのではなく、意識的に常にそばに置いておけるようにしているのだ。

そして、借りた本は読んだあとに興味が薄れたら返却しに行く。

一度にいろいろな本を読んだりはしない。図書館に気を遣って、２週間に１度は本を借りるが、２冊以上借りることは絶対にない。

　本を１冊借りれば、何度も繰り返して読む。順番通りに最初から最後まで読むこともあれば、飛ばし飛ばしで読みたいところだけ繰り返し読むこともある。

　覚えておきたい部分はメモをしたり、付箋を貼りながら自分の一部のように完璧に自分のもののように作り上げたりする。

　１冊の本と長い間向き合っていると、何冊も単発的に読むよりも、はるかに効果的である。

　本の内容を記憶し、自分の言葉へと再加工することができる。

1人を楽しむようになった

　以前は外向的な人、もしくは常に人が集まってくるような人が、成功者の見本だと思っていた。

　目まぐるしいトレンドを追いかけることで、初めて若者らしい困難にくじけない強い意志を持てるものだと思っていた。

　いつからそう考えるようになったのかは分からないが、私は同調圧力によって、ハロウィンやクリスマス、初日の出、誕生日など、周囲に溶け込むために大騒ぎして、お金や人、時間を浪費して過ごさなければいけない感覚に脅かされていた。

　しかし今は、向的な自分を否定することはない。

　1人が良いし、1人だけの時間に幸せを感じる。それが私だ。

　人間は社会的な動物だと言われているが、たまに私のような洞窟が必要な人間も少数かもしれないがいるのである。

服に対する欲がなくなった

　服をダウンサイジングしたあと、およそ1年経ったが、クローゼットの中の服は少しも増えなかった。むしろ、少し減ったかもしれない。

　ダウンサイジングを行ったその日、まずは直近の1ヶ月で着た服を選定した。

　その後、暑いシーズンと寒いシーズンとで服を分け、毎日のように着た服の記憶を辿り、7～8着ほどを残してすべて処分してしまった。

　しかし、不便さは感じなかった。

　毎日のように着ていた服たちなので、朝起きて服を選ぶ時もまず手が伸びたし、ラクに着られたし、着こなしも端正であった。

　クローゼットに残った服を何ヶ月か着てみて、少しずつ分かってきたことがある。それは、この服たちに何かしら共通するところがあるということだった。

　こうして私が気に入っている服、私が好きな趣向の服装を知ることができた。それ以降、服をあまり買わない

が、新しく買わなければいけないことになっても、悩む
ことがなくなった。

　今は上下合わせて10着ほど、上着が5〜6着もあれば
充分に美しくコーディネートできるし、人生の満足感が
満たされる。

　何がどこにあるのか探すこともできず、いつも新しい
服を欲しがった頃に比べ、当然幸せの幅も、生活の余裕
も膨らんだ。

　ストレスは減り、人生の質は向上した。

　洗濯物も減り、洗濯代もあまりかからなくなった。

　上下で7着ほどあれば、1週間に毎日違う服を着るこ
とだってできる。

　私にとって衣服というのは、多様でトレンディーに装
うものではなくなり、端正によく管理された私の姿を表
す装置である。

　私にとって外見を整えることとは、化粧品やアクセサ
リーを活用して着飾ることではない。

　運動で鍛えられた健康な身体と心。

　自然の味を活かした食事。

規則正しい生活習慣。
　瞑想と読書で豊かになった内面世界。

　クローゼットの大きさは、粛々と維持していくつもり
だ。服が多くなると、その分悩ましい選択肢も増えてし
まう。服が少なければ、悩まずに即断即決で、心地良い
朝を過ごすことができる。
　どうせいつも決まった服しか着ないのだから。

人間関係を
選ぶようになった

　人間関係における葛藤やトラブルに直面すると、本質的な解決策を探すようになった。

　葛藤が生まれれば、相手との対話を試み、無理に相手へ和解を要求したり、自分の失敗を隠したりしない。この人間関係に対して、対話を通じて相手との関係を維持させるほど、相手が私にとって有益で健全な存在であるか自問するようにしている。

　なぜなら、維持するべき人間関係があり、最初から毒にしかならならない人間関係があるからだ。

　以前は、周りのすべての人と仲良くするために努力していた。

　面識のある人や付き合いの長い人であれば、たとえ私を苦しめても、かつてのような仲でなくなっても、もう連絡を取りたくないと思う自分を隠し、どうにかして関係を保つべきだと思っていた。

　しかし、いくら努力しても、私の心の中ですでに一度切れてしまった感情の糸が、再び繋がることはなかった。

葛藤の谷はどんどん深くなり、相手の短所にしか目が
いかなくなった。その短所と感じる範囲は少しずつ大き
くなり、また新しい短所が次々と見つかるようになった。

　もう、つらいだけの出会いに執着することはやめた。
　手放すべき時に手放すことが、より健全な人間関係を
形成する基礎になることがある。
　人間関係をどのように繋ぎ止めるか悩む前に、自分に
とっての人間関係自体の意味を考えるようにしている。

経済的な不安が減った

　何かを買わなければいけない圧力や脅迫観念から解放されると、経済的な余裕が生まれる。

　未来に対する不安もなくなるため、全般的な出費も減り、お金を賢く貯蓄して管理するようになる。

　私の場合は、収入の60％は貯蓄に回し、無意識に浪費してしまう行動はなくなった。

　お金を使ってしまって自分を責めたり後悔したりすることもなく、すべての消費と支出に心が満たされるようになり、お金を稼ぐことも楽しいし、自信を持ってお金を使えるようになった。

　お金は自由を与えてくれたり、夢を叶えたりするための1つの手段であると、肯定的にお金と向き合えるようになった。

　人生を向上させるために使うお金は、友達のような存在だ。

　決して、未来を縛り、現在を犠牲にさせる存在ではないのだ。

味にこだわらなくなった

　モノを減らし、ゴミが出ることを意識的に警戒するようになったことで、作る料理のメニューが減った。

　最小限の材料で調理過程を簡素化できる。

　必要な栄養を補充できる。

　以上２点を兼ね備えつつ、ある程度満足できる料理が、最も魅力的に感じるのだ。

　味覚の欲求を満足させうる美味しい料理は、もちろんあるだろう。甘くてしょっぱいものが無性に食べたくなる時もある。

　しかし"味"を放棄するだけで、得られる恩恵が多いのも事実だ。このように考えられると、味にこだわらなくなる。

　時間や洗い物をしなくて良い手軽さ。

　いろいろな食材と調味料を買わないことで減った消費。

　広くなった台所の空間。

　加工されていない食材を食することで強くなった免疫力。

　ゴミが減り、各種調理道具と材料も減る。

整理整頓する必要のない冷蔵庫。
　メリットを挙げればキリがない。

　もちろん、いろいろな美味しい料理を作って、それら
を食べることを幸せに感じる人もいるが、私のように清
潔な環境と健康により価値を見出す人もいる。
　味よりも、重視する価値が増えるほど、清潔な台所や
掃除しなくて良い便利さ。
　それらによって得られる時間などの対価として、私は
喜んで"味"を犠牲にできるようになった。

　常に、食べるものを固定した。
　似たようなメニューだから使う調理道具も食器も限ら
れ、洗い物もほとんどしなくて良い。
　買い物に行って何を買うか悩むこともないし、セール
品を探すこともない。
　メニューは先に組み、買うべきモノを決めておく。
　食費も、冷蔵庫の中の食材も大きな変化が起こらない。
　調理道具のいらない料理を好んで食べ、ゴミを最小化
することができる。

朝は、ピーナッツバターを塗ったトースト１枚にオートミールを食べる。

　１日に何食食べるという決まりも定めもない。

　お腹が空かなければ、１日中何も食べないこともある。

　いつ食べるかは、腹時計が代わりに教えてくれる。

　夜はカレーと決めている。

　カレーはまず、味が良い。

　そして料理ではなく、“調理”だけで作ることができる。それほどレシピのようなものが必要ない簡単な料理である。

　ひと皿あれば済むので、後片付けもラクだ。

　野菜を豊富に摂ることができるし、充分にお腹を満たしてくれる満腹感もある。

　私は肉食を好まないし、油も使わない。

　だから特に栄養に細かく神経を遣う。

　緑黄色野菜と炭水化物、適切な量の脂質。タンパク質に至るまで、すべてバランス良く摂取するために努力している。

　カレーは、このすべての条件を完璧に満たしてくれる料理である。

飽きてきたら味噌チゲやわかめスープを飲むこともある。

　カレーを特別に好きというわけではなく、だからと言って嫌いでもない。

　私にとって食事は、料理ではなく糧食（りょうしょく）である。

　気力を補充してくれて、栄養価を運んでくれればそれで良いのだ。味にこだわることも、美しい盛り付けに労力を費やすこともしない。

　しかし、食事をする時間だけは敬虔（けいけん）な儀式のように集中して、感謝の気持ちを込めて、姿勢を正して食べるようにしている。

　１つの料理だけ食べていると栄養を最優先で考えられ、栄養に対する悩みと憂慮（ゆうりょ）をなくすことができる。

　毎日違った料理を食べなければいけないというのは、社会が作り出した１つのトレンドと言える。

　毎日同じ料理を食べることに慣れてくると、むしろ常にレシピを考えていろいろな料理を食べなければいけないという事実に、危機感を覚えるようになる。

　選択と悩みに対する熱情を全部、より価値があり、意味のあることに投資したい。

　何を食べて、何を着るかは、大きく重要な価値ではな

い。健康的な食材で料理された食事であれば、なんでも良いのだ。

　家庭的でなくても良いし、味が薄くても、おかずが1品しかなくても、充分にお腹が満たされたなら、それで良いのだ。

イライラが減った

　かつての私は、せっかちでイライラすることが多い人間だった。

　計画が狂ったり、道が混んでいたり、トラブルが生じたりすると、すぐピリピリしてしまう。

　ところがいつの間にか、怒ったりイライラしたりすることが顕著に減った。何かキッカケがあったわけでもないのに……。

　ミニマリズムに出会い、せっかちさがなくなったことで、心に余裕が生まれ、ある程度のことは寛大に受け止められるようになったのだ。

　イライラの沸点がとても低かった頃は、些細なことが気に障っては周りの非常識さを責めて、簡単に心が傷つけられたりもした。

　瞬間湯沸かし器だった私も鈍くなったものだ。刺々しかった性格もずいぶん丸くなった。

　生きていれば思いがけない状況に、遭遇することはある。

その都度、不快になったりイライラしたり感情的になったりしてしまう時、ついその状況や相手が原因と思いがちだが、きっと誰のせいでもなく自分自身に問題があるのだ。

　何より、イライラしたところで物事が好転したり、ピンチがチャンスに変わったりするわけでもない。

　自分が損をするだけで、コスパの悪い感情の消耗でしかない。

　イライラしやすかったのは生まれつきの性格も多少あるかもしれないが、おそらく心に余裕がなく何事も急いてしまう考え方のせいであったのだろう。

　心に余裕が生まれれば、イライラすることもない。どんなトラブルだって私を不快にできないのだ。

　おかげで親友が約束の時間に数分遅れても、のんびりと待ってあげられるようになった。

幸せが手に取るように
具体的になった

　私は、自分にとっての幸せを定義することができる。
　少しの迷いもなく、幸せへと向かうための道を描きき
ることができる。
　もちろん私が思う幸せへと向かう主観的な地図である。
　その地図には、数多くの区間がある。

　肉体と精神の成長。
　魂の自由。
　他人の人生と社会への貢献。
　創造的な仕事。
　文字として残す私の足跡。
　本と音楽。
　字を書き考えることのできる穏やかな空間など。

　幸せを具体的に定義付けることができる人は、道を見
失ったりしない。
　私が持つ地図は、毎日のように開いて確認しなくても、
私が誰よりもよく分かっている。

壁や障害がぶつかってこようとも、いつでも道を見失うことはない。

　だから、私には幸せになれない理由なんてないのだ。

選ばなければいけないことが減った

　私が実践するミニマルライフの核心には、２つのポイントがある。

　ダウンサイジングとシングルタスキングだ。

　このうち、選択肢を減らしてくれる一番の立役者がシングルタスキングである。

　シングルタスキングは、何事も一度に１つのことだけを行うという意味である。

　毎日同じ運動さえしていれば、食後に歯磨きをするように悩むこともないし、自然と生活のルーティーンに組み込まれていく。

　毎日同じ食事をし、曜日ごとに決めておいた服を着て、１冊の本を長い時間繰り返し読み、１本の映画にハマったらセリフをすべて覚えてしまうほど何度も見る。

　生活に対する態度を軽やかに単純に作り替えることで、数万からなる選択肢から自由になることができる。

　細々しい選択がなくなると、より大きな選択の前で、

蓄えておいた慎重さと集中力を発揮することができる。すべての選択があまりにも容易くなり、選んだあとになって後悔することもなくなる。

　もしも、もっと良い選択肢があったとしても、その時その選択肢を選んだのには、それなりの理由があったはずであり、それを最善であると思い、深く考えた結果である。
　振り返って、もっと良い選択肢があったと思っても、どのみちまた別の後悔と未練が生まれるのだ。

　今では、1日を通して選ばなければいけない決定は、かなり限定的になった。
　選択の分かれ道を前にして迷うこともなくなった。モノを買う基準は誰よりも明確であるし、どんな物事であれ、それを判断する基準は、ひとえに私が幸福であるかどうかなのだ。

死が怖くなくなった

　私は長く生きているわけではないが、もともと死に対する恐怖が、他人よりも少ないようだ。

　私の父は、いつも"死"の1文字だけ見ても、恐ろしく不気味であると言っていた。

　しかし私は、"死"という文字に拒否感を覚えないどころか、人生を締め括るということは、人が受けることのできる祝福のうちの1つではないかと思っている。

　生活の規模を縮小させ、内面を磨くことに全力を注ぐことで、"死"というものをより強く肯定的に捉えられるようになったのだ。

　不老不死でいることほど不幸なことなどないだろう。自分は1人で死ぬこともできず、老いもしない中、周りの人はみんな過ぎ去っていき、たった1人になってしまう。

　他にも、私だけでなく人口70億人超のみんながずっと若さを維持できるとしたら、これ以上大きな不幸はないと言えるだろう。

　人口はどんどん増えていき、幸せもずっと増えていく

が、同時に不幸もずっと増えていくだろう。

　時が来れば命が終わるということは、生きている時間
とより真摯に向き合う理由になり、一瞬を大切にする姿
勢をもたらす要素でもあるのだ。

　私は死が怖くない。
　いつ死んでも、未練のようなものはない。今日、今す
ぐ死ぬ運命だとしたら、堂々とその運命を受け入れて、
痕跡を残さずこの世を去ることができる。
　今持っている財産、私が積み上げてきた成功は死を前
にしても、笑って手放す自信がある。
　充分に幸せな瞬間をたくさん味わったし、これ以上大
きな幸せが待っていようとも、死の運命を遡ってまで惜
しんだりはしたくないのだ。

１人の時間も
怖くなくなった

　私は、１人の時間が怖くない。

　私自身が誰よりも私を最も積極的に支持しているし、どんな存在よりも私の潜在能力を信じている。

　長い間１人だけの時間を守り続けたことで、自らの楽しみを追い求めることができる最高の方法と、自らの力で幸せと悲しみを調節し、克服できる能力も育むことができた。

　誰かを後ろ盾にして意気揚々とすることもなく、私にできないことがあったとしても、他人の力をあてにすることはない。

　テレビや雑誌を見て、誰かの人生に憧れることもない。

　私にとって私は、最高の動機付けであり、怠惰にならないためのライバルでもあるのだ。

　また愛して尊重しなければいけない家族こそ、恋人であり親友である。

　世の中の人すべてが、私に背を向けるとしても、私は

自らを恥じることはないだろう。

　孤独であろうとも、孤独の中にもまた、美しさが宿っ
ているのだ。

あとがき

　今までの私は、私の幸せがより大きくなるのであれば、何事も迷うことなく試してきた。その中でもミニマリズムの効果は最も際立っていた。

　私はもともとモノをたくさん持っているタイプではなかったが、ミニマリストになった今の私が持つモノはすべて、1つが10以上の役割を担うような用途の優れたモノたちだった。

　さらに、このモノたちは人生の価値を生み出してくれる素晴らしいパートナーである。1つのモノで10人分の働きをする文明の助けとして、私の所有物の重みは、より軽やかなものになった。

　とにかく、モノをたくさん持とうとしていたどんな時よりも、私は自信に満ち溢れた人間になれた。

　変わったことは何ひとつない。

　相変わらず未熟で幼く、傷つきやすく失敗もするけれど、波のように幸せが押し寄せてくる。

　理想としてだけ仰ぎ見ていた生きている実感というも

のを、毎日のように感じることができている。

　これからもこうやって生きていきたい。

　自由に軽やかに。

　もっともっといろいろなモノを手放して、私の存在ただ1つだけで、しっかりと立っている人でありたい。

著者紹介

ジンミニョン

ミニマリスト　エッセイスト

簡素な生活に魅力を感じて、所有物を80％以上削減し、ミニマリズムがもたらした良いことをブログに記録しはじめたことで、韓国で人気のブロガーとなる。生活を簡素化するとともに、不足、孤独、静寂、暗闇、空虚、沈黙、絶食を美化し、独特の視点で読み取った世界の移り変わりを文に綴っている。

2021年ソウルブックフェアでのサイン会は大好評であった。

今後もナマケモノのようにのろのろと生き、地球には自分の足跡を最小限残して、心豊かに健康的に生きていきたいという素朴な願いを抱いている。

著書に、〈ない、暮らす 愉しみ〉、〈単純に生きろ , 参 良い〉、〈内向人です〉、〈私が何 高貴栄華を 享受したいと〉、〈日常がミニマル〉などがある。

翻訳者紹介

裵蔚華 （ベ・ウラ）

韓中日翻訳者

1988年生まれ。朝鮮語圏での延べ5年に渡る生活を活かし、ホームページの翻訳やインタビュー動画の字幕など幅広い翻訳を手掛ける。

ナマケモノのように生きたい　　　　　　〈検印省略〉

2021年 11 月 30 日　第 1 刷発行

著　者——ジンミニョン

発行者——佐藤 和夫

発行所——株式会社あさ出版

〒171-0022　東京都豊島区南池袋 2-9-9 第一池袋ホワイトビル 6F
電　話　03 (3983) 3225 (販売)
　　　　03 (3983) 3227 (編集)
Ｆ Ａ Ｘ　03 (3983) 3226
Ｕ Ｒ Ｌ　http://www.asa21.com/
E-mail　info@asa21.com

印刷・製本　神谷印刷 (株)

note　　　　http://note.com/asapublishing/
facebook　http://www.facebook.com/asapublishing
twitter　　http://twitter.com/asapublishing